COLEÇÃO

INTERAÇÕES

Interações:
com olhos de ler

Apontamentos sobre a leitura
para a prática do professor
de Educação Infantil

Blucher

COLEÇÃO

INTERAÇÕES

Edi Fonseca

Interações: com olhos de ler

Apontamentos sobre a leitura para a prática do professor de Educação Infantil

Josca Ailine Baroukh
COORDENADORA

Maria Cristina Carapeto Lavrador Alves
ORGANIZADORA

Interações: com olhos de ler
Apontamentos sobre a leitura para a prática
do professor de Educação Infantil
© 2012 Edi Fonseca
1ª reimpressão – 2013
Editora Edgard Blücher Ltda.

Capa: Alba Mancini

Foto: Josca Ailine Baroukh

Blucher

Rua Pedroso Alvarenga, 1245, 4º andar
04531-012 – São Paulo – SP – Brasil
Tel 55 11 3078-5366
contato@blucher.com.br
www.blucher.com.br

Segundo Novo Acordo Ortográfico, conforme 5. ed.
do *Vocabulário Ortográfico da Língua Portuguesa*,
Academia Brasileira de Letras, março de 2009.

É proibida a reprodução total ou parcial por quaisquer
meios, sem autorização escrita da Editora.

Todos os direitos reservados pela Editora
Edgard Blücher Ltda.

FICHA CATALOGRÁFICA

Fonseca, Edi
    Interações: com olhos de ler, apontamentos sobre
a leitura para a prática do professor da educação infantil /
Edi Fonseca; Josca Ailine Baroukh, coordenadora; Maria
Cristina Carapeto Lavrador Alves, organizadora. –
São Paulo: Blucher, 2012. – (Coleção InterAções)

Bibliografia
ISBN 978-85-212-0660-6

    1. Educação de crianças 2. Leitura - Estudo e ensino
3. Prática de ensino 4. Professores – Formação. I. Baroukh,
Josca Ailine. II. Alves, Maria Cristina Carapeto Lavrador.
III. Título. IV. Série

12-04835   CDD-372.21

Índices para catálogo sistemático:
1. Apontamentos sobre a leitura para a prática
do professor: Educação   372.21

A todas as crianças e aos educadores que conheci e com os quais encontrei pela estrada afora, que me permitiram descobrir ainda mais os caminhos da leitura.

Nota sobre a autora

Edi Fonseca estudou Pedagogia na *Faculdade de Educação da Universidade de São Paulo* e fez curso profissionalizante de teatro na *Escola Ewerton de Castro.* Trabalhou como professora de Educação Infantil e Ensino Fundamental. Atua em projetos e programas de formação de professores, voltados para o trabalho com leitura e escrita e narrativas orais. Já participou de projetos na *Fundação Gol de Letra, Fundação Vanzolini, Fundação Victor Civita, Instituto Hedging-Griffo, Plural Assessoria e Pesquisa em Educação e Cultura, Instituto Natura* e em Secretarias de Educação de Caieiras, Caraguatatuba, Peruíbe, Juquitiba, entre outras. Atualmente, participa como colaboradora no *Cenpec – Centro de Estudos e Pesquisas em Educação, Cultura e Ação Comunitária* e formadora de professores no *Instituto Avisa Lá,* onde trabalha há 17 anos. É sócio-coordenadora da *Roda Fiandeira Comunicação e Arte,* onde atua como assessora em Educação e Cultura. Como contadora de histórias, suas narrativas são apresentadas em escolas, eventos culturais, livrarias e empresas.

Agradecimentos

Aos meus pais – iniciadores da minha história.

Ao Ricardo e à Cecília – entusiasmados pela vida, pela leitura e incentivadores incansáveis.

Aos meus irmãos e amigos – companheiros de aventuras.

À Josca Ailine Baroukh – pelo convite e pela parceria.

À Clélia Cortez e Denise Silva – pela atenção e pelas sugestões.

À Adriana Klisys, Celinha Nascimento, Cisele Ortiz, Lucila Silva de Almeida, Silvana Augusto e à Escola Projeto Vida – pela generosidade de socializarem suas práticas.

À Escola Logos e ao Instituto Avisa Lá – pelos anos de ótimas oportunidades de aprendizagem.

Aos educadores e professores da rede Municipal de Caieiras, do CJ e da Creche Cruz de Malta – pelas trocas criativas.

Aos fotógrafos Carolina Andrade e Greg Salibian – pelas imagens perpetuadas e cedidas.

Apresentação

Educar é interagir, é agir **com o outro**, o que acarreta necessariamente a transformação dos sujeitos envolvidos na convivência. Foi esta a ideia que elegemos para nomear a coleção InterAções. Acreditamos que ensinar e aprender são ações de um processo de mão dupla entre sujeitos, que só terá significado e valor quando alunos e professores estiverem questionando, refletindo, refazendo, ouvindo, falando, agindo, observando, acolhendo e crescendo juntos.

Com base nessa premissa, convidamos autores e professores. Professores que conhecem o chão da sala de aula, que passam pelas angústias das escolhas para qualificar as aprendizagens das crianças, seus alunos. Professores que, em sua grande maioria, também são coordenadores de formação de grupos de professores, conversam com professores e, portanto, conhecem o que os aflige.

A esses autores, pedimos que estabelecessem um diálogo escrito sobre temas inquietantes em suas áreas de atuação. Temas que geram muitas dúvidas sobre o que, como e quando ensinar e avaliar. Temas recorrentes que, se abordados do ponto de vista de novos paradigmas educacionais, podem contribuir para a ação, a reflexão e a inovação das práticas de professores da Educação Infantil e do Ensino Fundamental I.

Apresentamos nesta coleção situações de interação entre professores e crianças: exemplos, sugestões pedagógicas e reflexões. Pontos de partida para o professor repensar sua prática e proporcionar aos seus alunos oportunidades de se sentirem e de serem protagonistas de suas aprendizagens. Acreditamos ser importante que o professor questione sua rotina e construa um olhar apurado sobre as relações cotidianas. Estranhar o natural estimula a criatividade, a inovação, o agir. E assim, é possível ir além do que já se propôs no ensino desses temas até o momento.

Nosso intuito é compartilhar as descobertas geradas pelo movimento de pesquisa, reflexão e organização do conhecimento na escrita dos autores. E proporcionar ao professor leitor a experiência de um "olhar estrangeiro", de viajante que se deslumbra com tudo e que guarda em sua memória os momentos marcantes, que passam a fazer parte dele. Queremos animar em nosso leitor a escuta atenta e estimular suas competências técnicas, estéticas, éticas e políticas, como tão bem explica Terezinha Azeredo Rios.

Em meio às dificuldades de ser professor na contemporaneidade, os profissionais da educação persistem na criação de planejamentos e ações que promovam as aprendizagens de seus alunos. Aos desafios, eles apresentam opções e são criativos. É para esses profissionais, professores brasileiros, e para seus alunos que dedicamos nossa coleção.

Boa leitura!

Josca Ailine Baroukh

Sumário

Leitura, como te quero... 13

1   Livros e mais livros... 15

Acesso à leitura como possibilidade de cidadania...... 16

Livro como objeto da nossa cultura atual –
livros-objeto 17

Histórias e mais histórias – Literatura é a porta
de entrada das crianças para a leitura 20

Leitura, informação e conhecimento 24

2   Leitura na Educação Infantil............................... 27

Ler para quê? Propósitos e comportamentos
leitores e o professor como modelo de leitor.............. 28

O professor e as leituras saborosas............................ 33

**3   Tempos para a leitura – Modalidades
organizativas**.. 39

Atividades permanentes 41

Sequências didáticas 61

Projetos didáticos 71

Atividades ocasionais... 87

4	**Temperos para os tempos de leitura**	89
	Critérios de escolha de livros para a formação de um acervo para a Educação Infantil	89
	Espaços para ler	99
	Materiais e recursos	113
5	**Contar histórias**	137
	Por que contar histórias?	137
	Abre a roda tindolelê – Orientações para contar histórias	139
	Ler é diferente de contar	147
6	**Dez novas perguntas antigas para sacudir o esqueleto**	153
7	**E não "acabou-se o que era doce" – Considerações Finais**	165
8	**Sugestões de leitura**	167
	Referências Bibliográficas	181

Leitura, como te quero

É por meio da leitura que as pessoas podem ter acesso ao legado cultural da humanidade, construído ao longo dos anos. E isso é maravilhoso! Tudo (mas tudo mesmo) que quisermos saber sobre qualquer área do conhecimento pode ser encontrado, aprendido e estudado por meio da leitura. Se quisermos saber algo sobre a Astronomia no séc. XVII, se quisermos conhecer melhor a culinária das diversas culturas indígenas do Brasil ou, ainda, saber mais sobre a origem do teatro – todos esses desejos ligados ao conhecimento e tantos outros poderão ser saciados por meio da leitura. Sim, porque ao longo dos séculos a humanidade foi acumulando conhecimento, transmitindo o que aprendeu de geração a geração.

Inicialmente, isso foi feito oralmente, depois, com o auxílio dos desenhos, até chegarmos à escrita. Nem todos tinham acesso aos escritos e, para produzi-los e reproduzi-los, havia muita dificuldade! Imagine alguém que precisava matar um animal, deixar secar sua pele para fazer um pergaminho, produzir tinta com sangue e outros componentes naturais para poder escrever um documento ou esculpir em um bloco de pedra, ou, ainda, fabricar o próprio papel e copiar à mão livros e mais livros! Mas, depois de a humanidade passar por tudo isso, finalmente a imprensa foi inventada e, dessa forma, um único livro, que levava dias e mais dias para ficar pronto, agora cedia seu lugar a muitos e muitos livros produzidos rapidamente. Esse desenvolvimento até chegarmos à imprensa levou séculos e mais séculos para acontecer. O que se pensou com a chegada dessa invenção pode ter sido: "Agora o acesso à leitura será para todos!".

Mas não é bem isso que podemos observar até os dias de hoje. Infelizmente, ainda encontramos muitas pessoas que não têm acesso a livros.

Hoje em dia, existem vários projetos voltados para o incentivo à leitura, muitos livros são doados pelo governo, por empresas e suas fundações, ONGs e, além disso, há um grande movimento para que os professores de todo país participem de cursos e encontros de formação continuada que abordem este assunto tão importante. Por quê? Para que possamos reverter esse quadro.

A leitura na Educação Infantil tem um papel fundamental na vida de uma pessoa. Nessa fase, a criança descobre o mundo que a cerca e observa com cuidado e curiosidade tudo e todos que estão à sua volta. Então, o que podemos fazer para aproximar as crianças dos livros? Para que ler se torne um hábito prazeroso para elas? Para "contaminá-las" com o vírus da leitura, como desejava José Mindlin[1]? Este é o tema do nosso livro.

---

[1] José Ephim Mindlin nasceu em oito de setembro de 1914. Formou-se em 1936 em Direito pela Universidade de São Paulo. Advogado, empresário, amante da leitura e bibliófilo. Morreu em 28 de fevereiro de 2010.

1 Livros e mais livros

Fonte: Arquivo pessoal da autora

Acesso à leitura como possibilidade de cidadania

Certamente você já viu algum filme que mostra alguém decifrando um código e, com isso, tendo acesso a um cofre, por exemplo. Será que você já se deu conta de que com a leitura ocorre a mesma coisa? Trata-se de um código, um sistema de representação que, uma vez decifrado e compreendido, nos dá acesso a riquezas ainda maiores que as de um cofre.

Seja para tomar um ônibus, preparar uma receita, consultar a bula de um remédio, assinar um contrato ou defender uma tese de doutorado, ler nos oferece independência e autonomia. Os motivos para ler são muitos: prazer, necessidade, aprendizado, reflexão, para obter informação ou para realizar algo. Em todos esses casos, a pessoa que lê consegue realizar sua tarefa com mais qualidade.

Anúncios de emprego estão nos jornais, nos murais; boas ofertas aparecem nos anúncios publicitários ou mesmo nas gôndolas dos supermercados; um tratamento médico exige a leitura atenta das orientações do médico, sob pena de causar outros problemas de saúde; uma carta pode ser a diferença entre um amor perdido e o "felizes para sempre"; o uso adequado e otimizado de um equipamento demanda tempo para esmiuçar o manual de instruções e assim por diante. Quem lê tem acesso a informações "privilegiadas" e sai na frente em qualquer disputa, pois vivemos em um mundo letrado.

Faz-se necessário diferenciar quem apenas decodifica o alfabeto de quem lê efetivamente. A fluência na compreensão de um texto traz um diferencial para o indivíduo: é a diferença entre letramento e alfabetização. O sujeito letrado é aquele que, além de saber ler e escrever, faz uso competente da leitura e da escrita. E a habilidade em um nível satisfatório só se atinge com o hábito e com o (re)conhecimento e uso de uma grande variedade de gêneros.

O processo reflexivo disparado pela leitura e seu aprendizado nos permite compreender melhor uma situação e, assim, usufruir dos nossos direitos em sua totalidade, lutar por condições melhores e agir para modificar nossa realidade. Quantas vezes nos deparamos com dúvidas diante das infinitas decisões diárias que temos de tomar? É nesse ponto que a condição de compreender textos vai nos colocar em perspectiva, com capacidade plena de atuação ou em situação de desvantagem.

Revelo agora a senha do cofre: LEIA MUITO!

Livro como objeto da nossa cultura atual – livros-objeto

> A vida está pulsando ali. O livro faz parte da casa, da comida, da experiência, da maternidade, do cotidiano.
> *PRADO, 2002*

> Tenho amigos cuja companhia me é extremamente agradável: são de todas as idades e vêm de todos os países. Eles se distinguiram tanto nos escritórios quanto nos campos, e obtiveram altas honrarias por seu conhecimento nas ciências. É fácil ter acesso a eles: estão sempre à disposição, e eu os admito em minha companhia, e os despeço, quando bem entendo. Nunca dão problemas, e respondem prontamente a qualquer pergunta que faço. Alguns me contam histórias de eras passadas, enquanto outros me revelam os segredos da natureza. Alguns, pela vivacidade, levam embora minhas preocupações e estimulam meu espírito, enquanto outros fortificam minha mente e me ensinam a importante lição de refrear meus desejos e de depender só de mim. Eles abrem, em resumo, as várias avenidas de todas as artes e ciências, e eu confio em suas informações inteiramente, em todas as emergências. Em troca de todos esses serviços, apenas pedem que eu os acomode em algum canto de minha humilde morada, onde possam repousar em paz – pois esses amigos deleitam-se mais com a tranquilidade da solidão do que com os tumultos da sociedade.
> *PETRARCA, 2004*

> O prazer que o livro pode trazer tem múltiplos aspectos. [...] O livro informa, distrai, enriquece o espírito, põe a imaginação em movimento, provoca tanto reflexão quanto emoção; é, enfim, um grande companheiro. Companheiro ideal, aliás, pois está sempre à disposição, não cria problemas, não se ofende quando é esquecido, e se deixa retomar sem histórias, a qualquer hora do dia ou da noite que o leitor deseja.
> *MINDLIN, 2004*

A necessidade de registrar e transmitir informações e conhecimentos existe desde o surgimento da humanidade. Na antiguidade o homem usava pedras, tintas vegetais e minerais, argila e outros materiais orgânicos e inorgânicos em suportes como paredes de cavernas e troncos de árvores. Pouco a pouco, foram surgindo o papiro, o pergaminho, o papel... e, agora, os *e-books*.

O livro transmite para quem o carrega uma imagem de conhecimento, de saber. Seja um adolescente, que passa um tempo juntando dinheiro e um dia sai orgulhoso de uma livraria com suas novas aquisições, seja uma criança que olha admirada para as páginas de um livro mesmo antes de saber ler, um solitário que faz do livro sua companhia ou um pai analfabeto que compra uma coleção para seus filhos – ele não sabe ler convencionalmente, mas sabe que ler é importante. O livro nos empresta uma imagem de cultura, conhecimento, respeitabilidade.

José Mindlin era tão apaixonado pela leitura e pelos livros que se tornou um colecionador que durante anos e anos garimpou exemplares raros. Com sua morte, deixou-nos como herança parte de sua biblioteca: *Biblioteca Brasiliana Guita e José Mindlin*. Ricardo Azevedo e Lygia Bojunga Nunes, antes mesmo de saberem ler e muito antes de se tornarem escritores famosos, brincavam com os livros, construindo casas, castelos, torres, escadas e pontes. São muitos os exemplos que nos mostram que, para alguns, o livro constitui um objeto de desejo.

Se por volta de 1440 o alemão Johannes Gutenberg mudou o mundo ao criar a prensa móvel, tornando possível a produção massificada de livros, atualmente estamos presenciando uma nova revolução, com o surgimento de *smartphones, players, e-readers* e uma infinidade de equipamentos que funcionam tanto como armazenadores de conteúdo quanto como suporte para consumo.

O crescimento econômico do Brasil na última década e a boa perspectiva para os próximos anos se reflete também no mercado editorial. Pouco a pouco os livreiros vão percebendo que seus produtos também podem ser objetos de desejo da população como um todo, e não apenas de alguns "privilegiados". O cenário não é perfeito, mas são mais títulos a cada ano, novos cursos na área editorial, prêmios, profissionalização das equipes de editores e uma preocupação crescente com a qualidade do produto. De forma enviesada, o livro vai ganhando adeptos e angariando admiradores e usuários. Enviesada porque, assim como muitas pessoas compram um produto apenas pela embalagem, agora mais pessoas passam a ler em função dos novos suportes.

> Na era da comunicação eletrônica, o livro não morrerá, mas sua alma se libertará do seu corpo (MACLUHAN, 1977).

Em uma sociedade impregnada pelo consumismo, em que quase ninguém quer ficar para trás, sem ter os últimos modelos de *netbooks*, celulares, *videogames*, mp3, GPS, TVs móveis, gravadores, HDs, CDs, DVDs, *pen-drives*, câmeras digitais, filmadoras, *tablets, scanners*, impressoras etc., quem sabe Camões, Jorge Amado, Monteiro Lobato, Nelson Rodrigues, Drummond, Saramago, Dostoiévski, Clarice Lispector, Graciliano Ramos, Euclides da Cunha, Fernando Pessoa, Shakespeare, Miguel de Cervantes, Mário de Andrade, Érico Veríssimo, Agatha Christie, Gabriel Garcia Márquez, Guimarães Rosa, Tolstói, Cecília Meirelles, George Orwell, Machado de Assis, Homero, Vinícius de Moraes, Flaubert, Proust, entre outros, também não se tornem objeto de desejo e disputa entre os consumidores-cidadãos?

Pode ser sonho ou viagem, mas não é exatamente isso que um livro faz conosco?

> **Em busca do tempo perdido**, caminharemos **rumo ao farol**. Foram mais de **cem anos de solidão** entre **cidades invisíveis** e agora, finalmente **o século das luzes** se aproximava. **A cidade e as serras** ficaram para trás; **o contrato social** seria estabelecido conforme **a origem das espécies** e **a condição humana**, dando início a um **admirável mundo novo**.
>
> Era o fim de tanta **guerra e paz**, **crime e castigo**, **orgulho e preconceito**. **O homem sem qualidades**, um quase **Macu-**

naíma, deixaria **a idade da inocência** e atingiria **o século das luzes**. A **primavera silenciosa** daria início à **sociedade da abundância** e tudo isso só seria possível com a leitura.

Antes não havia **nada de novo no front**, o **fogo morto**, e de repente, **o perfume, o paraíso perdido**, verdadeiras **espumas flutuantes**. Finalmente chegara **a hora da estrela** e **a vida como ela é** passaria a ser como sempre desejamos que fosse. O local escolhido para isso foi **a montanha mágica, à beira do abismo**, onde **o sol nasce sempre**. **O processo** certamente seria cheio de **som e fúria**, uma verdadeira **odisseia**, mas nos levaria a **mundos paralelos**, cheios de **obras poéticas** e **histórias extraordinárias**. Faça sua escolha, pegue o que mais agradar; pode ser **o livro vermelho, o caderno dourado** ou qualquer outro que te leve por uma **longa jornada noite adentro**. (GALHARDO, Ricardo Roca – texto escrito especialmente para este livro.)

Histórias e mais histórias – Literatura é a porta de entrada das crianças para a leitura

A literatura é, sem dúvida, uma das expressões mais significativas dessa *ânsia permanente de saber* e de *domínio sobre a vida*, que caracteriza o homem de todas as épocas. Ânsia que permanece latente nas narrativas populares legadas pelo passado remoto. Fábulas, apólogos, parábolas, contos exemplares, mitos, lendas, sagas, contos jocosos, romances, contos maravilhosos, contos de fadas... fazem parte dessa heterogênea matéria narrativa que está na origem das literaturas modernas e guarda um determinado saber fundamental.

Todas essas formas de narrar pertencem ao caudal de narrativas nascidas entre os povos da Antiguidade, que, fundidas, confundidas, transformadas... se espalharam por toda parte e permanecem até hoje como uma rede, cobrindo todas as regiões do globo: o caudal de *literatura folclórica*

Livros e mais livros

e de *velhos textos novelescos* que, apesar de terem origens comuns, assumem em cada nação um caráter diferente. (COELHO, 1991)

Desde os tempos mais remotos a humanidade sentiu necessidade de narrar os fatos ocorridos no seu dia a dia e de narrar também os acontecimentos que ainda não compreendia. "Os homens inventaram as histórias para não sentir medo" disse Carles Garcia no documentário *Histórias*, dirigido por Paulo Siqueira em 2005 – Prefeitura do Município do Rio de Janeiro e Sesc RJ.

E ainda é assim, narramos para não termos medo da violência, dos desafios, dos mistérios, dos ciclos de desenvolvimento da vida, das partidas, dos novos encontros, do envelhecimento, do parto, do nascimento, do casamento, do rompimento, das descobertas, do que fazemos com as descobertas, do que destruímos com as descobertas. Narramos para compreender a vida, para guardar na memória, para deixar gravado, para nos entendermos mais e melhor, para sonhar, para nos mantermos vivos, para vir a ser.

As histórias narram o que é genuinamente humano. Elas falam de nós mesmos. Por isso precisamos tanto delas. As histórias da literatura, antes de estarem nos livros, um dia foram entoadas, cantadas, dançadas, declamadas. Os homens passavam por uma tempestade com raios, trovões, ventos fortes e não sabiam explicar a razão de tais acontecimentos na natureza e outros tantos que assistiam com horror e desconhecimento. Era assustador não compreender aquilo tudo. Eles também queriam contar que tinham vencido o inimigo, que tinham abatido a caça, que resistiram ao frio intenso, e, assim, com a enorme necessidade de comunicar tudo aos seus semelhantes, criaram condições para isso, por meio de gritos, gestos, danças e desenhos. Dessa forma, conseguiram registrar, guardar e transmitir aos seus parceiros os acontecimentos vividos, observados, e todo o conhecimento adquirido ao longo do tempo.

A linguagem oral surgiu muito antes da escrita e foi por meio da oralidade que a humanidade guardou na memória os saberes e as histórias dos grupos sociais e culturais. Além disso, as histórias nos fazem sonhar, imaginar – ações necessárias para o equilíbrio interno de uma pessoa. Como diz Antonio Candido, professor e crítico literário, no vídeo *Palavra de leitor,* dirigido por Celso Maldos – FDE 1990:

"O cidadão deve ser também um homem que consegue ter o seu equilíbrio interior. Para alguém ter equilíbrio interior é preciso dosar muito sabiamente a proporção de real e a proporção de fantasia que fazem parte da existência de cada um de nós e a literatura é a forma mais alta e a mais sistematizada de elaboração da fantasia. Portanto, a literatura se torna uma auxiliar fundamental para a vida harmoniosa."

A cultura dos aborígines australianos acredita que as histórias pertencem ao mundo dos sonhos. O sonho e o desejo movem o ser humano.

Com os novos hábitos trazidos pela modernidade, pelo desenvolvimento da tecnologia e pela correria das cidades, buscamos outros meios para narrar. Narramos por escrito com os livros, jornais, revistas, *blogs, sites,* narramos dramatizando com cinema, teatro, televisão, vídeos no *youtube* e filmes de curta metragem. Por que ainda temos a necessidade das narrativas? As histórias falam do que é humano e nos transportam para o mundo da fantasia, onde tudo pode acontecer. Identificamo-nos com personagens, com seus dramas e impasses. Torcemos pelos mocinhos, heróis e anti-heróis e ficamos contra os malvados e bandidos. Sentimos angústia diante das indecisões, aflição com as dificuldades, alegria com as realizações e conquistas. Reconhecemo-nos, compreendemos melhor o que se mostra de forma distanciada, pois somos os expectadores, leitores e ouvintes. Por meio das histórias, aprendemos a entender o mundo, as relações, as diferentes culturas, a reorganizar nossos sentimentos e emoções. As histórias nos constituem humanos, nos formam como pessoas, nos fazem pertencer a este ou aquele grupo, nos fortalecem, nos encorajam, nos fazem refletir sobre nossos jeitos de ser e de agir.

Em seu livro *Acordais – Fundamentos teórico-poéticos sobre a arte de contar histórias,* Regina Machado (2004), contadora de histórias, escritora e professora universitária, fala para onde somos transportados pelo poder das narrativas:

> Este "lá" para onde a pessoa se transporta é o lugar da imaginação enquanto possibilidade criadora e integrativa do homem. Quando experimento estar dentro da história, experimento a integridade individual de alguém que não está nem no passado, nem no futuro, mas no instante do agora, onde encontro em mim não o que fui ou o que serei, mas a minha inteireza no lugar onde a norma e a regra – enquanto coerção da exterioridade do mundo – não chegam. Onde eu sou rei ou rainha do reino virtual das possibilidades, o reino da imaginação criadora. Nesse lugar encontro não o que devo, mas o que posso; portanto, entro em contato com a possibilidade de afirmação do poder criador humano, configurado em constelações de imagens.

Além das histórias milenares, também temos as narrativas pessoais. Nossas histórias de vida, carregadas de sensações, sentimentos, de passagens alegres, tristes, vitoriosas, frustrantes, modificadas em seus detalhes para ficarem mais divertidas, para ganharem mais emoção. Histórias de nossos antepassados (os quais muitas vezes nem chegamos a conhecer), e que estávamos longe de viver, mas das quais nos sentimos parte. Elas são nossas histórias e fazem parte da construção de nossa identidade, explicam de onde viemos, quem somos, em que acreditamos, como vivemos.

Portanto, faz muito sentido pensarmos a literatura como porta de entrada para a leitura das crianças. As histórias abordam situações muito próximas de seu cotidiano, falam de famílias, diferentes culturas e épocas, dos sentimentos, das relações, alimentam a imaginação e a fantasia, e contribuem com a socialização. Além disso, durante parte da infância as crianças buscam saber o que faz parte da realidade e o que é ficção. Sem dúvida estes são conceitos difíceis, porém as histórias as ajudam a compreendê-

-los. Fornecem elementos para ampliação de seu conhecimento literário, social, histórico e cultural.

As histórias alimentam as brincadeiras de faz de conta das crianças, pois ampliam enredos, conflitos, personagens, cenários e desfechos. E, como num passe de mágica, as crianças viram reis, rainhas, dragões, cavaleiros, animais falantes, fadas, magos, bruxas, feiticeiros, heróis e heroínas, com escudos, coroas, poções mágicas, feitiços e poderes. Personagens que ganham vida e contexto nas brincadeiras infantis baseadas no vasto repertório do "era uma vez".

A convivência com a literatura possibilita que a criança conheça o uso especial da palavra que oferece oportunidade de o mundo real tornar-se mágico, de poder brincar no mundo do faz de conta que relaciona a realidade e a imaginação.

Diante do que foi posto até agora, só podemos dizer: Bem-vindas, histórias e mais histórias! Sintam-se à vontade!

Leitura, informação e conhecimento

Na Educação Infantil os momentos de leitura não devem ser restritos apenas à literatura. As crianças são muito observadoras, formulam boas perguntas, relacionam o conhecimento que já possuem com novas informações, levantam hipóteses, fazem comparações e são muito capazes de compreender as leituras de textos informativos. As situações podem ser variadas: ler para obter uma informação específica, para saber mais sobre um assunto ou porque surge uma curiosidade.

Na história da humanidade, as pessoas se perguntaram sobre a origem do universo, dos animais, as transformações da natureza, as reações entre os elementos e tantas outras questões ligadas à compreensão do mundo, para vencer dificuldades e criar melhores condições de vida. Assim também acontece com a criança, que, ao observar o mundo com curiosidade, faz perguntas para entender tudo o que está ao seu redor: Por que a Lua nos segue? De onde vieram as estrelas? Quem inventou a roda? Como funciona uma bomba d'água? Como as pessoas viviam sem geladeira?

Livros e mais livros

Por que o milho vira pipoca? Como nascem as tartarugas? Por que os peixes respiram o tempo todo debaixo d'água? O que é propriedade? Por que na Inglaterra existe uma rainha e no Brasil não? Por que os índios não são presos por andarem nus?

A escrita tem, entre outras finalidades, a de registrar o conhecimento adquirido pela humanidade ao longo do tempo e socializá-lo. Ter acesso aos textos informativos desde cedo possibilita que as crianças aprendam como podemos adquirir determinadas informações e conhecimentos. Isso significa saber a quais fontes recorrer, quais materiais buscar, o que selecionar, relacionar conteúdos, levantar novas questões a partir das novas informações e tantos outros procedimentos de um leitor competente.

A leitura é uma fonte na qual podemos beber para ampliar nossos conhecimentos. Fonte inesgotável com muitos suportes: dicionários, enciclopédias, revistas, folhetos explicativos, livros paradidáticos, jornal, internet, coleções.

Algumas pessoas podem pensar que os textos informativos são muito complicados e difíceis para a compreensão das crianças pequenas. Mas o que sabemos é que se faz necessário, e urgente, transformar práticas tradicionais em propostas mais interessantes e inteligentes que permitam à criança a construção de seu conhecimento de uma forma mais participativa e enriquecedora. ■

2 Leitura na Educação Infantil

Fonte: Arquivo pessoal da autora

Ler para quê? Propósitos e comportamentos leitores e o professor como modelo de leitor

Aprender a ler significa ler e atribuir sentido à leitura. Não se trata apenas de decifrar códigos, ainda que isso seja necessário. É preciso compreender o que se lê e estabelecer relações com outros conhecimentos. Este é um processo que para cada pessoa é iniciado num momento diferente da vida e que não termina nunca! Ele depende do conhecimento que o sujeito já possui, da motivação que tem para aprender cada vez mais, das experiências leitoras propostas a ele, da motivação e da parceria daquele que o ensina.

Aprendemos a cozinhar observando as pessoas cozinharem e também cozinhando, mesmo que a comida nem sempre saia do jeito que esperávamos. Aprendemos a dirigir observando as pessoas dirigirem e assumindo o volante, mesmo que o carro morra na saída ou dê solavancos. Aprendemos a ler vendo outras pessoas lerem, tentando ler, acertando e errando.

Portanto, o professor deve aproveitar as situações do dia a dia na escola e criar outras tantas, como usuário da escrita diante das crianças, para que percebam seu valor comunicativo e se sintam motivadas a ler e escrever.

O professor tem papel importantíssimo na aquisição da competência leitora da criança, não só porque promove atividades para tanto, mas porque serve como modelo de leitor. E o que isso quer dizer?

Trabalhar com a leitura significa trabalhar com conteúdos voltados às capacidades e procedimentos de leitura e ao comportamento leitor. Segundo Délia Lerner, professora universitária e pesquisadora argentina, os comportamentos leitores são atitudes relacionadas ao ato de ler, como:

- socializar critérios de escolha de livros;

- comentar com as pessoas o que está lendo;

- antecipar o que segue em um texto;

- saltar o que não entende ou não interessa e avançar a leitura para compreender melhor;

- identificar-se ou não com um autor, tendo uma postura crítica diante do que lê;

- ler trechos de textos de que mais gostou para os colegas;

- relacionar o que leu com experiências vividas;

- recomendar leituras que considera de boa qualidade e/ou importantes;

- confrontar com outros a interpretação originada por uma leitura;

- comparar o que leu com outras obras do mesmo autor ou de outros autores.

Quando o professor lê um conto para seus alunos, eles não aprendem apenas os conteúdos das histórias e suas características, mas também como as pessoas utilizam a leitura, os comportamentos de um leitor e a compartilhar práticas sociais de leitura. Muitas vezes os professores pensam que as crianças só aprendem a ler se realizarem atividades que envolvam as letras. Com certeza, há momentos em que devemos propor atividades de leitura que permitam às crianças refletir sobre o sistema de escrita, mas só isso não é suficiente! Temos de promover a entrada dos diversos textos na escola para que as crianças aprendam as competências necessárias para a leitura na vida cotidiana. Assim, ao propor uma leitura ao grupo, o professor deve sempre dar um sentido ao que estão fazendo, para que entendam por que estão realizando aquela leitura e o que estão buscando com ela, tais como:

- ler as instruções para fazerem uma dobradura;

- ler para apreciar uma história que encontraram na biblioteca, pois ela é uma versão diferente de um conto conhecido pelo grupo;

- ler um folheto informativo sobre um local que irão visitar para saberem se é possível realizar um piquenique;

- ler para saber mais sobre a vida das baleias, porque vão fazer uma exposição do assunto aos colegas.

Ao sabermos qual o propósito leitor que guia nossa leitura, ou seja, para que estamos lendo, temos mais condições de decidir o que fazer, que tipo de texto escolher, quais procedimentos realizar. Diante de cada propósito leitor, o professor explicita às crianças quais são os procedimentos mais adequados. Quando dizemos explicitar, queremos dizer "mostrar". Sendo assim, o professor mostra ao aluno como lidar com o texto diante do propósito leitor em questão.

Suponhamos que vamos preparar uma receita para um lanche coletivo. Nossos possíveis procedimentos seriam:

Antes do preparo:

- procurar uma receita que agrade o grupo e que seja fácil de preparar;

- comparar a receita nova com uma já conhecida;

- ler a lista de ingredientes para conferir se temos todos para iniciarmos o preparo;

- reler o modo de fazer para compreender todo procedimento e avaliar se temos condições ou queremos prepará-la;

- pedir orientação a alguém que já fez a receita, caso alguma dúvida não tenha sido esclarecida com a leitura.

No momento do preparo:

- pular a parte dos ingredientes da receita (pois já os separamos antes) e ir direto para o modo de fazer;

- ler o primeiro passo e, em seguida, realizar o que foi orientado;

- seguir o próximo passo;

- reler um ou mais passos, caso tenhamos alguma dúvida;

- reler para confirmar se o preparo está de acordo com a orientação.

Se estivéssemos fazendo uma pesquisa com as crianças sobre receitas da culinária japonesa para verificar quais os ingredientes que constantemente aparecem nas receitas e seus modos de preparo, provavelmente nossos procedimentos seriam diferentes dos que foram citados anteriormente. Vejamos:

- buscar receitas japonesas;

- ler as receitas com foco nos ingredientes e nos modos de preparar os alimentos;

- pesquisar alimentos e modos de preparo desconhecidos;

- compreender os modos de preparo;

- anotar os ingredientes que mais aparecem.

O que faz com que nossos procedimentos sejam diferentes, uma vez que estamos diante do mesmo tipo de texto? São os propósitos leitores. No primeiro caso, o propósito leitor é ler para seguir instruções, e, no segundo, ler para pesquisar, para saber mais sobre um assunto.

O que precisamos enfatizar é que os possíveis procedimentos precisam ser explicitados pelo professor, de acordo com o propósito leitor. E o que isso quer dizer? Ele mostra aos alunos o que faz diante de cada situação de leitura. Faz para que os alunos observem, participem e aprendam, em situações planejadas e contextualizadas.

O comportamento do leitor e do escritor são conteúdos – e não tarefas, como se poderia acreditar – porque são aspectos do que se espera que os alunos aprendam, porque se fazem presentes na sala de aula precisamente para que os alunos se apropriem deles e possam pô-los em ação no futuro, como praticantes da leitura e da escrita. (LERNER, 2002)

Criança colocando cartão-postal na caixa do correio, na exposição *Palavras* – Sesc Pompeia. Além da mensagem, era preciso colocar o endereço do destinatário, pois os cartões eram transportados ao correio para serem levados até o seu destino.
Fonte: Arquivo pessoal da autora

E é exatamente isso que queremos: que as crianças se tornem leitores e escritores competentes.

Alguns propósitos leitores

Ler para buscar uma informação precisa;

Ler para obter uma informação de caráter geral;

Ler para seguir instruções;

Ler para aprender mais sobre um assunto;

Ler para revisar um escrito próprio;

Ler por prazer;

Ler para comunicar um texto.

O professor e as leituras saborosas

> Ela levantou os olhos de seu trabalho: 'O que queres que eu te leia, querido? As fadas?' Perguntei, incrédulo: 'As fadas estão aí dentro?' A história me era familiar: minha mãe contava-a com frequência.(...) Durante o tempo em que falava, ficávamos sós e clandestinos, longe dos homens, dos deuses e dos sacerdotes, duas corsas no bosque, com outras corsas, as fadas. Anne-Marie fez-me sentar à sua frente, em minha cadeirinha; inclinou-se, baixou as pálpebras e adormeceu. Daquele rosto de estátua saiu uma voz de gesso. Perdi a cabeça: quem estava contando? O quê? E a quem? Minha mãe ausentara-se: nenhum sorriso, nenhum sinal de conivência, eu estava no exílio. Além disso, eu não reconheci a sua linguagem. Onde é que arranjava aquela segurança? Ao cabo de um instante, compreendi: era o livro que falava. (...)
> (SARTRE, 2005)

Alguém que sabe cozinhar (não precisa ser "aquele *chef* famoso" ou um grande especialista, mas que saiba sobre o assunto por meio das muitas vivências, demonstre curiosidade e busque cada vez mais oportunidades para ampliar suas experiências) pode nos ensinar com seus saberes e, se for muito envolvido com a culinária, pode ainda nos encantar com o seu próprio encantamento. Aquele que fala sobre as receitas com propriedade: acompanhamentos, temperos, modos de preparar os alimentos – assados, cozidos, gratinados, ensopados, flambados – costuma também contar como e com quem aprendeu a preparar determinado prato, em quais situações são servidos, qual a origem de determinada receita, suas variações, como pode ser apresentada etc. Desse modo, mesmo a pessoa que nunca se atreveu a preparar algo para comer pode se encantar ao perceber tanto conhecimento, sabedoria e relação dos alimentos com a vida. Podemos encarar a comida apenas como um meio para nos manter vivos; mas, se olharmos para a comida como cultura, tradição, memória, ciência, arte, deleite, meio de festejar, unir as pessoas, alimentar a alma, teremos outra forma de lidar com ela.

O mesmo pode acontecer com relação à leitura. Aquele que se propõe a ler e apresentar a leitura pode não ser um especialista no assunto, mas se tiver conhecimento a respeito – por meio das muitas experiências e vivências leitoras – tiver curiosidade e estudar para ampliar seus saberes, poderá encantar outros e levá-los a conhecer melhor esse universo. O mundo da leitura pode deixar de ser apenas ler o que está escrito para ser ler para conhecer, recordar, entrar em contato com a sabedoria de outras culturas, de outras épocas, apreciar diferentes gêneros e autores, compreender o mundo que o cerca, compreender a si mesmo, imaginar, sonhar, escolher, pesquisar, estudar, formar opiniões.

Ler está muito além de decifrar códigos e entender o sistema de escrita. É muito mais do que comer um determinado alimento e dizer "gostei" ou "não gostei". É poder saboreá-lo, conhecer os ingredientes e suas origens, saber como é preparado, criar outras receitas a partir da tradicional, antecipar como aquele prato poderia ficar ainda mais saboroso com uma modificação ou inclusão de um novo ingrediente, comparar com algo que já comeu, lembrar de uma viagem que fez, de uma fase da vida, de uma pessoa que costumava preparar aquela comida. Enfim, é poder reconhecer quando algo não foi bem preparado de acordo com seu paladar, refazer-se ao saborear determinado prato, compreender os diferentes significados que o alimento pode ter.

Professores e crianças da CEI Cruz de Malta
Fonte: Rosária Umbelina Azevedo Thomé

O professor de Educação Infantil tem um papel importantíssimo nessa fase da vida da criança, em relação aos seus primeiros contatos com a leitura e a formação de hábitos leitores. Ele tem uma grande responsabilidade e precisa se preparar com compromisso e profissionalismo.

> Porém quando lemos para alguém que não nós mesmos, precisamos de outro conjunto de atitudes e experiências. Num dizer mais científico, uma nova postura e estética. A responsabilidade de uma leitura que se faz para um outro não é só de ler por prazer e se deixar encantar pelas narrativas. Ainda que sem essa finalidade, talvez não valha a pena ler para o outro. Ler na escola/comunidade representa também formar leitores que possam, dentro de um leque variado e amplo, escolher seus próprios caminhos e também reproduzir atitudes leitoras. Todos sabemos que ensinamos bem quando sabemos do que estamos falando, conhecemos nosso assunto. É uma tarefa não fácil, pois precisamos abrir mão de nossos gostos pessoais, de nossas escolhas e nos manter absolutamente abertos para outras leituras, que nem nos pareçam prazerosas. Não podemos ensinar apenas aquilo que gostamos, é preciso ler também o que não gostamos, o que criticamos, o que não nos agrada. Nossos alunos precisam ter contato com todo tipo de texto e seus gostos podem ser bastante distintos dos nossos. Além disso, é tarefa do professor oferecer uma grande diversidade de opções na qual os alunos se sintam livres e, ao mesmo tempo, tentados. Mas ainda não é só: é preciso aprender a ler diferentes tipos de texto e para isso o professor precisa se preparar cada vez mais, tornar-se um aficionado real pela leitura, procurar os textos que não conhece e não se acostumar num único tipo de texto. Como dito acima, não é tarefa fácil, já que nossa tendência primeira é seguir em busca de nossas escolhas e dos títulos que mais gostamos, que mais nos fazem sentir bem. (NASCIMENTO, 2009, pg. 15)

Pensando no trabalho tão importante a ser realizado com a leitura, foram levantadas algumas sugestões para o seu desenvolvimento. Sugestões que podem ganhar valor se forem refeitas e reinventadas com "temperos" locais, de acordo com a realidade de cada região ou instituição. ■

3 Tempos para a leitura – Modalidades organizativas

> O tempo perguntou pro tempo
> Quanto tempo o tempo tem
> O tempo não tinha tempo
> Pra falar pro tempo
> Quanto tempo o tempo tem
> *Trava-língua de domínio público*

Criança faz leitura em sebo
Fonte: Arquivo pessoal da autora

Todo tempo é tempo de aprender dentro da escola. A criança pequena não aprende somente quando está fazendo atividades, muitas vezes, denominadas de pedagógicas. Tudo o que ocorre na escola é educativo. Concomitantemente às atividades voltadas ao cuidar, as práticas sociais que o dia a dia na escola oferece às crianças são ótimas oportunidades de desenvolvimento e aprendizagem.

Quando um educador troca um bebê, pode ler o que está escrito em sua roupa, mostrar o nome posto na sacola ou marcado em seus pertences. A leitura de um convite de aniversário, de um bilhete para a turma do período da tarde, uma receita para fazer biscoitos, a lista de materiais pra confeccionar um boneco de pano, o comunicado para os pais relembrando o dia da festa ou da reunião e o cardápio do dia são alguns exemplos de como a leitura aparece na escola como prática social em situações que não podem ser desperdiçadas. Mas não podemos confundir isso com apenas trabalhar com as circunstâncias que surgem. É preciso planejar!

Nós planejamos uma viagem, um curso, uma festa, um trajeto, o nosso dia, a nossa vida! Por exemplo: "Quanto tempo vou levar para ir de minha casa até a casa de minha tia, quanto tempo poderei ficar por lá, qual o tempo da volta, contando que passarei na escola para pegar meu filho, o tempo para preparar o jantar…" e tantas outras atividades do nosso cotidiano.

Do mesmo modo, o professor deve planejar a distribuição do tempo para as ações que acontecem na escola. Ele precisa pensar, planejar e organizar os tempos, os espaços, os materiais e as interações para as mais diferentes situações. E, claro, tendo como cenário permanente o respeito à criança e seus saberes, o olhar sensível para percebê-la e incentivá-la, a atenção para criar condições para que ela possa se expressar e o acolhimento, pois são aspectos fundamentais a serem levados em consideração no processo educativo.

Para a criança pequena é muito importante garantir uma rotina que lhe dará segurança e a apoiará na construção de noções de tempo. Garantir boas situações de leitura significa promover situações previamente planejadas que a auxiliarão a criar o hábito

Tempos para a leitura – Modalidades organizativas

de ler, a construir uma postura de leitor e aprender comportamentos leitores tão determinantes para que a leitura aconteça de forma eficaz e com sentido. Mas é preciso cuidado para não cairmos numa rotina monótona e desmotivadora. Assim como as outras, as atividades de leitura não precisam acontecer sempre da mesma forma e no mesmo lugar. As propostas precisam ser organizadas de acordo com a intencionalidade educativa. O que é importante que as crianças de meu grupo aprendam? O que elas sabem e o que podem saber ainda mais? Quais aspectos precisamos aprofundar? Como organizar o tempo da leitura na Educação Infantil?

Planejar implica a organização de ambientes que garantam aprendizagens. Um ambiente é composto por espaço, tempo, interações, materiais e sua organização, que sempre revela uma concepção de infância, criança, homem e mundo. É nesses ambientes que as crianças interagem com seus parceiros – crianças e adultos – manipulando os materiais, lidando com regras apropriadas a cada uma das situações, e assim vão construindo seu conhecimento, sua forma de pensar, de sentir, de ser e de agir.

A criança é um ser em desenvolvimento, que já possui muitos saberes, muito ativa e cheia de curiosidade sobre o mundo que a cerca. Não podemos deixar que ela perca tudo isso, pedindo para que passe boa parte do tempo sentada, fazendo exercícios repetitivos, monótonos e sem sentido. Temos de promover situações para que ela crie, interaja, escolha, mostre-se, perceba o outro, descubra, conheça e continue ativa, curiosa e disposta a saber cada vez mais.

Atividades permanentes

Para trabalhar a leitura é preciso oferecer tempos para ler e falar sobre leitura. Se a criança pequena observa que ler é importante para o adulto, isso para ela também será importante. Se ela observa que a leitura aparece com regularidade na rotina da escola, em práticas sociais, aprende que é algo importante, útil, valorizado e passa a considerá-la igualmente. Pensando nisso, a leitura precisa ocupar momentos de destaque na rotina, garantindo que todos possam usufruí-la.

Se somente lermos para as crianças no momento que antecede o sono dos pequenos, por exemplo, corremos o risco de impossibilitar que os que dormem com facilidade escutem a leitura até o fim. Se deixarmos a leitura para o momento de saída dos alunos, não permitimos que aqueles que, por alguma razão, saem um pouco mais cedo escutem a história.

Sabemos que as histórias, o contato com os livros e a ampliação do repertório literário são importantíssimos para essa fase, mas isso trará pouca ou nenhuma contribuição se for realizado de vez em quando. Em outras palavras, estamos afirmando que é preciso regularidade nas ações educativas. A roda de leitura na Educação Infantil é considerada uma atividade permanente.

Por atividade permanente entendemos uma situação que acontece de forma sistemática e possibilita a familiarização com novos conteúdos e conhecimentos por meio de reapresentação constante. Tem por objetivo criar hábitos e constituir atitudes, por isso necessita ser realizada com frequência durante um tempo longo. No caso da roda de leitura, por exemplo, sugere-se que seja realizada todos os dias ao longo do ano e que a regularidade faça com que as crianças passem a esperar por ela.

As atividades permanentes precisam fazer parte do planejamento e são fundamentais na organização do tempo na Educação Infantil, pois elas criam condições para a realização de atividades mais complexas. Se as crianças participam de rodas de leitura desde cedo, à medida que vão criando o hábito de ouvir histórias, se mostram em condições de se concentrarem por mais tempo e, portanto, de participarem de leituras mais longas ou mais complexas.

Provavelmente você já encontrou uma criança bem pequenina capaz de narrar um conto clássico, utilizando recursos da linguagem escrita, com expressividade e demonstrando compreensão sobre o que narrava. Isso porque provavelmente ela teve oportunidade de ouvir muitas leituras e apreciar a beleza dos textos escritos por bons autores, ampliou seu repertório de histórias do gênero em questão e conseguiu realizar, com desenvoltura e clareza, uma narrativa oral. Infelizmente o contrário também acontece. Há muitas crianças do ensino fundamental que não conse-

Tempos para a leitura – Modalidades organizativas

guem ditar um conto, pois faltou em sua trajetória esse contato estreito com a leitura literária.

Para garantir que a narrativa nasça na criança é que precisamos ler para elas todos os dias, instalando a leitura como atividade permanente.

Atividade permanente 1 – A roda de leitura (diária)

A roda de leitura de texto literário é uma das atividades permanentes de maior sucesso entre as crianças da Educação Infantil e a orientação é que seja realizada todos os dias. Assim, as crianças têm um momento diário garantido para o encontro com a leitura.

A duração dependerá da faixa etária dos alunos e de seu tempo de concentração. Por isso, o professor precisa ter um olhar atento para observar as condições e necessidades de seu grupo. Não adianta insistirmos em um texto literário belo, porém muito longo, caso ele ultrapasse o limite da escuta das crianças. O melhor neste caso é dividir o texto em partes e fazer a leitura um pouco por dia.

O educador precisa planejar essa atividade, como qualquer outra. Para tanto, terá de selecionar o livro a ser lido, e para isso levará em conta a faixa etária das crianças:

- De 0 a 2 anos – As crianças bem pequenas adoram histórias que envolvem situações de família como, por exemplo, festa de aniversário, chegada de um parente, passeio, ida à escola e tudo que é relacionado ao seu cotidiano. Além daquelas que envolvem animais com seus filhotes ou histórias que apresentam algum tipo de versos ou repetições de frases. As poesias também encantam os pequenos pela musicalidade, pelas rimas e pelo ritmo.

- De 3 a 5 anos – as histórias envolvendo as situações familiares e as de animais ainda estão no gosto desta faixa etária, mas o interesse pelos contos clássicos é despertado. As histórias contemporâneas também apresentam assuntos diversos que abordam o universo infantil e tantos temas inusitados. As poesias continuam em alta nesta fase.

O tamanho dos textos sempre é uma questão colocada pelos professores. Observando um pouco os livros infantis, percebemos que os textos para as crianças bem pequenas não são muito extensos. Mas é preciso tomar cuidado com esse critério. As crianças de três a cinco anos podem e costumam ficar muito envolvidas com narrativas mais longas. Isso vai depender muito de como o livro é apresentado, como a leitura é realizada e da familiaridade que as crianças têm com os livros e as situações de leitura.

As crianças pensam e fazem assim...

Quando atuava como professora de Educação Infantil, Adriana Klisys, hoje psicóloga e consultora em Educação e Cultura, leu para seus alunos de cinco anos algumas histórias de *As mil e uma noites*. Naquele período realizavam um projeto sobre a cultura árabe. As crianças estavam acostumadas com livros ilustrados e algumas vezes perguntaram onde estavam as figuras e pediam que a professora as mostrasse. Adriana respondeu que naquele livro não havia ilustrações e que eles precisavam imaginar o que era lido. As crianças entraram na proposta. Ela se lembra da descrição de um gigante que aparecia na história e os alunos pedindo para vê-lo. Entregou uma folha grande para cada criança e pediu que cada um desenhasse o gigante do jeito que imaginou. "Li a descrição umas vinte vezes", dessa forma eles puderam se atentar aos detalhes e colocá-los em suas produções.

"Um gigante negro de tamanho colossal. Era uma figura de meter medo, alto como uma palmeira, com olhos vermelhos queimados em seu rosto, como duas brasas em fogo; sua boca era um enorme túnel com lábios moles como os de um camelo, que caíam até seu peito, enquanto suas orelhas, como um par de discos redondos, ficavam penduradas nos seus ombros, seus dentes eram grandes como os de um porco selvagem e suas unhas, como as patas de um leão."

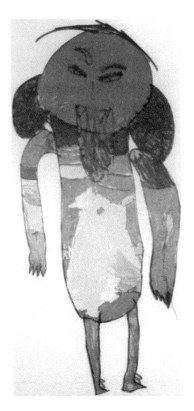

Desenho de Pedro Belinky a partir da escuta da descrição colossal gigante, personagem da história Simbad, o marujo do livro *As mil e uma noites* (Ed. Anima, 1986 – Tradução Aluízio Abrantes).
Fonte: BELINKY, Pedro; KLISYS, Adriana. In: *Ciência, arte e jogo projetos e atividades na educação infantil.* São Paulo: Peirópolis, 2010. p. 113.

Outra ideia da professora foi pegar uma caixa, aveludada por dentro, como caixa de joias, e a cada dia, enquanto as crianças saíam para o parque, Adriana colocava um objeto dentro da caixa. Esse objeto estava relacionado com as histórias: moedas de chocolate embrulhadas em papel dourado – como as moedas de ouro que aparecem nas aventuras de Simbá, uma pena como a da ave Roc, um anel como a joia preciosa e cheia de poderes, tâmaras como as do mercado das histórias do livro e incenso, entre outros.

Um dia, as crianças rodearam a professora e perguntaram qual o segredo da caixa: "Você sabe, não sabe?" A resposta da professora foi que ela sabia, mas, se contasse, no dia seguinte aquele encanto não aconteceria mais. É claro que as crianças preferiram ficar com a magia! Adriana contou que em algumas poucas vezes explicou uma ou outra parte do que seria lido, mas na maioria delas isso não foi necessário e as crianças acompanharam a leitura com entusiasmo e compreensão. Isso porque a leitura estava contextualizada – eles estavam estudando a cultura árabe: culinária, costumes, hábitos, vestimentas, paisagens etc. – e foi muito bem planejada: a professora selecionou quais histórias seriam lidas e, para isso, teve de ler muito, escolheu uma versão de qualidade, fez boas leituras em voz alta e criou uma forma de mantê-las ligadas às histórias do livro: a caixa com os objetos das histórias.

Como já foi dito anteriormente, os livros com histórias muito longas podem ser lidos por partes, como se estivessem divididos em capítulos. É preciso que o professor leia o livro todo antes e faça as marcações dos momentos mais significativos e cheios de suspense para a interrupção da leitura. No dia seguinte, pode resgatar o que foi lido no dia anterior com a ajuda dos que estiveram presentes. Desse modo, retomam o "fio da meada" e possibilitam que os ausentes fiquem por dentro da leitura. Essa forma de trabalhar também promove a estruturação da narrativa pelas crianças. Mais para frente, quando forem solicitadas a escrever um conto, irão recorrer a esses conhecimentos. Ninguém escreve o que não conhece. É preciso saber narrar oralmente para, então, escrever uma narrativa. As narrativas têm características diferentes – que são conhecidas por gêneros literários.

Gêneros literários

Muitas vezes o ensino da Língua Portuguesa na escola privilegiou o domínio do código desligado das mais diferentes circunstâncias de uso. Hoje se tem falado muito em ensinar a língua materna de acordo com os gêneros e seus propósitos leitores.

Os gêneros são práticas ligadas à linguagem (oral ou escrita) que se cristalizaram ao longo do tempo. Em outras palavras, são modos de dizer para cada contexto. Eles funcionam como instrumento para a ação diante das situações de linguagem e dominá-los significa saber utilizá-los com eficiência nas mais diversas situações comunicativas.

Vejamos: o modo de escrever uma receita é diferente do modo de escrever um requerimento. O modo de contar uma história é diferente do modo de realizar uma entrevista.

Existem alguns agrupamentos de gêneros propostos por Joaquim Dolz e Bernard Schneuwly, pesquisadores da Universidade de Genebra:

- gêneros do narrar – romance, contos de aventura, contos de fadas, lendas, mitos, ...

- gêneros do relatar – reportagem, relato de viagem, biografias, notícias, ...

- gêneros do expor – palestra, seminário, verbetes de enciclopédias, conferências, ...

- gêneros do argumentar – artigo de opinião, editorial, debate regrado, ...

- gêneros do instruir – manual de instruções, receitas, regras de jogos, ...

As crianças são usuárias da língua materna e já carregam em sua bagagem conhecimento acerca das características específicas de cada gênero e de cada contexto comunicativo. Mesmo antes de saberem ler e escrever, elas se mostram conhecedoras dos diferentes textos e de seus usos e marcas.

Como fazer?

Após a escolha feita, o professor deve ler o livro em seu horário de planejamento para ter certeza de que fez a escolha certa e de que ele contribuirá com a leitura de seu grupo. Se for necessário, o professor deve ler mais de uma vez a história para garantir sua compreensão do texto. Afinal, como fazer uma leitura com entonação e de forma expressiva quando não entendemos muito bem o que a história narra? Em seguida, deve ler em voz alta para treinar a entonação, decidir se fará uma voz diferente para algum personagem, pensar se em algum ponto fará um suspense ou levará uma pergunta ao grupo etc.

Outro ponto importante que exige planejamento diz respeito à forma como a história será apresentada. Ler o título, o nome do autor, do ilustrador e da editora não é o bastante para iniciar uma leitura. A pergunta que o professor deve se fazer é: "Como vou preparar meus alunos para que eles possam receber essa leitura, de modo que se sintam incentivados, encantados, curiosos, que queiram ouvi-la e saber mais sobre o livro, autor, ou gênero selecionado?"

Ler em voz alta: o que fazer antes, durante e depois?

Algumas sugestões do que o professor pode fazer.

Antes da leitura

- ler o título e perguntar aos alunos do que acham que o livro tratará. Isso incentiva a antecipação, um comportamento leitor bastante comum;

- ler a sinopse e fazer comentários ou perguntas para que as crianças antecipem a história;

- mostrar algumas ilustrações para que as crianças antecipem o enredo;

- apresentar curiosidades da vida do autor e sua obra – se possível, mostrar foto do autor;

- apresentar curiosidades da vida do ilustrador e sua obra – se possível, mostrar foto do ilustrador;

- mencionar algumas características do gênero que será lido e estabelecer relação com outros livros desse gênero que as crianças já conhecem;

- retomar alguma história conhecida e explicar que vai ler outra do mesmo autor ou gênero;

Tempos para a leitura – Modalidades organizativas

- contar um pouco da história para deixá-los curiosos;

- contar um pouco da história, pois sabe que o enredo é complexo e que isso os auxiliará a acompanhar a leitura;

- fazer comentários sobre o que a história vai tratar e convidá-los a ouvir uma nova história sobre o assunto;

- comparar o estilo do autor que conhecerão com outro já conhecido por eles;

- contar como conheceu a história ou como encontrou o livro – se procurou na biblioteca ou livraria, se um amigo recomendou, se conheceu quando criança etc.

E tantos outros jeitos de iniciar uma roda de leitura.

Durante a leitura

- Se os ouvintes fizerem perguntas, dê atenção, responda de modo objetivo e retome a leitura para não perder "o fio da meada".

- Às vezes, as crianças ouvem uma parte da história, uma frase, um nome de personagem e querem comentar algo que para os outros aparentemente não se relaciona com a história. Procure perguntar: "O que te fez lembrar disso agora?" Se perceber que o que a criança tem pra contar é algo longo, com muito jeito e delicadeza, peça que guarde na memória por um tempo o que tem para contar e que, ao final da leitura, conte a todos.

- Se perceber que algumas crianças se distraíram um pouco, procure fazer um comentário, criar um suspense para conquistar a atenção delas para que se voltem novamente à leitura. Algo do tipo: "E agora, o que vocês acham que vai acontecer?"

- Não é necessário explicar palavras que você considerar difíceis. Muitas e muitas vezes elas se tornam completamente compreensíveis para as crianças no contexto da história.

- Não mude as palavras do texto com a intenção de simplificá-lo. Por meio da leitura as crianças terão acesso à literatura: a arte da palavra. Além disso, se você mudar as palavras, elas não terão a oportunidade de perceber que o que está escrito se lê sempre da mesma maneira, que as palavras do texto escrito não mudam – é o que chamamos de permanência da escrita.

- Se notar que a história está difícil ou que as crianças não compreenderam alguma parte, faça uma breve explicação e retome a leitura.

- Vez ou outra, no meio da leitura, é possível deixar uma pergunta no ar, do tipo: "Será que se acontecesse isso conosco teríamos a mesma reação?" Ou fazer um comentário: "Vejam só o que a personagem vai fazer agora!" Ou ainda: "Acho esta parte da história tão linda!"

Depois da leitura

- Fazer comentários sobre o que leu;

- Falar sobre o estilo de escrita do autor;

- Reler algum trecho preferido, explicando por que o prefere;

- Falar sobre uma personagem que chamou a atenção, compará-la com outras personagens de livros conhecidos por eles ou outros que o professor conhece;

- Relacionar determinada passagem da história com um fato real;

- Apresentar ou indicar outros livros do mesmo autor.

O mais importante é abrir espaço para que as crianças façam seus comentários, para que conversem sobre o que acabaram de ler e tudo o que surgir a partir da leitura. A conversa deve ser descontraída, não há a necessidade de fazer perguntas para "verificar" se os alunos estavam ou não prestando atenção no que foi

Tempos para a leitura – Modalidades organizativas

lido ou se compreenderam exatamente da mesma forma que o professor. A literatura é espaço de construção de subjetividades, portanto o mesmo livro pode levar pessoas diferentes a lugares diversos, mexer com as sensações e sentimentos. Por isso, não é sempre o mesmo trecho de um livro que as pessoas escolhem como preferido, não são os mesmos personagens escolhidos, não são as mesmas compreensões e interpretações realizadas.

Quanto mais o professor se envolver com os livros, garantir espaço para conhecê-los, estudar as curiosidades da vida dos autores e suas obras e compreender características dos gêneros abordados, mais poderá enriquecer as rodas de leitura, com comentários e questões pertinentes, ampliando os conhecimentos dos alunos e contribuindo para a ampliação do universo cultural deles.

Na roda de leitura também é possível abrir espaço para que os alunos falem dos outros livros que leram na escola ou em casa. Não é preciso que todos falem no mesmo dia. É muito mais produtivo quando alguns fazem seus comentários e os outros interagem fazendo perguntas ou dando suas opiniões. Pedir para todos falarem no mesmo dia torna-se muito cansativo.

Outra possibilidade é pedir a uma criança que tiver vontade escolher uma história de sua preferência, levar o livro para casa, prepará-la para recontar aos colegas em um dia combinado. O que entendemos como preparação da história é ter a chance de relembrá-la em casa, se possível pedir para que um adulto faça a leitura da história novamente, ajudando a criança que ainda não sabe ler convencionalmente a memorizar a estrutura do texto, os fatos principais e os personagens, para conseguir fazer o reconto, ou seja, para que ela conte a história com suas palavras, e não decore o que está escrito no livro.

Histórias reais escritas pelos professores

Diário: dia 01.03.2002
Escola de Educação Infantil Logos
Profa. Lucila Silva de Almeida

Zé Murieta, o homem da capa preta

Como etapa de nossa sequência de leitura, havíamos pensado (Elaine e eu) em iniciar nossas leituras com os livros da coleção *Casa Amarela*; então em meu planejamento aproveitei para ler antecipadamente o livro que eu selecionei, e na sexta-feira fiz a leitura para o grupo.

Tinha receio de perder as falas das crianças durante as etapas que havia previsto, então combinei com Julia para que ela anotasse todas as falas das crianças, separando os tópicos que gostaria que ela observasse (ao olhar a capa/lendo o título/reações durante a leitura).

A leitura foi muito gostosa, o clima da sala estava muito bom, e manter algumas das luzes apagadas aumentou ainda mais a sensação de suspense. Em vez de começar falando um pouco sobre a história, como sempre faço quando leio uma história nova, levei o livro para a roda e pedi ao grupo que me dissesse que tipo de história tinha naquele livro. Na verdade, acabei fazendo uma roda com poucas crianças, pois além de Julia, André C. e Tomas terem faltado, Larissa dormiu, ainda no início da roda. Assim que mostrei o livro, André A. foi logo dizendo: **"o homem vai cortar a cabeça de todos"**, Duda e João: **"Parece o fantasma do Barba Azul"**, Téo, olhando assustado, dizia: **"é do velhinho que corta a cabeça de todo mundo"** e Léo, do seu jeito: **"É uma pessoa que corta"**.

Em seguida, li para o grupo o título do livro e perguntei o que eles achavam que iria acontecer naquela história. Não sei se elaborei mal minha pergunta ou se esse hábito de tentar prever do que se trata o livro é algo ainda a ser adquirido, mas as respostas

Tempos para a leitura – Modalidades organizativas

foram: "**um homem que tem uma capa preta**", disseram João e Téo juntos, "**um homem que corta**", insistia Leonardo; Duda, rindo, respondeu "**Eu acho que vai ter uma capa preta**", e André A., mais uma vez com sua pose de intelectual, disse "**vai ter um homem da capa preta e outras coisas assustadoras**".

Enfim, iniciei a leitura. À medida que lia, observava o quanto estavam realmente envolvidos, numa escuta atenta que os deixava quase que imóveis, pareciam adultos franzindo a testa; André A. percebe as coisas muito rápido, consegue entender partes engraçadas, e ri disso, como na hora em que li que Julinho, o gato, teve vontade de fazer xixi. Ele começou a rir e dizer que o gato estava com muito medo. Enquanto eu lia, ele repetia as palavras e ria baixinho, o restante do grupo só foi realmente rir quando se deu conta de que Zé Murieta era só um velhinho com pouco dinheiro; mesmo assim, riam baixinho, meio que sem querer atrapalhar a leitura.

Quando terminei a história, Teodoro, meio sonolento, foi dizendo que a história tinha lhe dado sono, João, querendo ampliar a conversa, disse "**eu não, eu fiquei foi com fome**", e André A., querendo encompridar, disse que tinha ficado tonto com essa história.

Aproveitei o gancho para perguntar o que tinham achado da história, se tinham ficado com medo, se era mesmo uma história de uma pessoa que ia cortar todo mundo, enfim. Enquanto falavam do fato de Zé Murieta ser um velhinho bom, uma das crianças disse que na capa ele estava com cara de bravo, então perguntei ao grupo: "Por que será que na capa ele está com cara de bravo e na história não?". Os alunos ficaram um tempo pensando e Teodoro, gaguejando e olhando para o livro, tentava responder "**é porque... é porque... é porque ele quer cortar essa aranha**", referindo-se a uma aranha desenhada na capa, e João Marcelo, muito engraçado, respondeu "**Porque alguém pegou alguma coisa dele, o dinheiro!**", "**Porque algum ladrão roubou o dinheiro dele, já que ele tem pouco**".

Acredito que essa foi uma das melhores rodas desde o início do ano. O grupo já me pede outras histórias quando acabo uma selecionada, já diminuíram as conversas durante a leitura e combinar algumas coisas com eles facilitou ainda mais a garantia de que esse seja um momento organizado e muito prazeroso.

Acho que aos poucos estão "percebendo" que a roda por si só já é um momento especial e que não necessariamente lemos para dramatizar algo, mas também pelo prazer de nos deliciarmos com as histórias. Penso que propiciar momentos de leitura com diferentes propósitos pode ajudá-los a identificar isso. ■

As crianças pensam e fazem assim...

Conversa sobre as histórias

Turma: 5 a 6 anos

Durante dois meses, as crianças dessa turma entraram em contato com um repertório de histórias pouco conhecidas por elas: *As mil e uma noites*. A professora lia um capítulo ou um conto por dia e as crianças escutavam atentamente. Depois, conversavam sobre as histórias, trazendo à tona suas ideias, impressões, dúvidas, entendimento do texto e relações que estabeleciam com as informações de sua própria cultura. A seguir você encontra alguns trechos desse bate-papo:

– Então pessoal, estava tudo bem, o Simbá estava rico lá em Bagdá, já tinha se livrado do gigante, do Roc, da baleia, se livrou de morrer em alto-mar... Por que mesmo assim ele sempre queria voltar a viajar? Por que ele não queria ficar rico e sossegado em Bagdá? – perguntou a professora.

– O Simbá tem sorte – comenta Mahiara.

– É que ele gosta de aventura – fala Guilherme, levantando-se da roda, empinando o peito, sentindo-se o próprio marujo.

– O Simbá é forte, ele não tem medo de nada, ele gosta de aventuras – confirma Gustavo.

– Ele é esperto – diz Guilherme.

Tempos para a leitura – Modalidades organizativas

– É, cara, ele é muito esperto – continua Bruno.

– Não, muito não, ele é um pouco esperto porque a Sherazade é que é mais esperta, porque, se ela que conta a história do Simbá, é ela que é – esclarece Guilherme.

– Ele não vai morrer. Eu sei que ele não vai morrer porque senão como ela ia contar a história se fosse morto?... Ele é o velhinho no começo, lembra? Ele conta o que aconteceu antes de ser velhinho.

– É a Sherazade que conta – retoma Clara.

Um momento de discussão até que concluem: "É a Sherazade que conta que o Simbá, o marujo, conta para o Simbá, o carregador".

– Que confusão! Por Alá! – diz uma criança que ouvia a conversa.

– Por Alá, por Alá, sempre fala esse "por Alá" – nota Marcela, já cansada de ouvir essa expressão tantas vezes.

– Por Alá! Ah! Sabia que não pode dizer isso? É do Deus deles! – lembra Gustavo.

– Hum! É mesmo – entende Clara, batendo com a mão na boca, em sinal de reprimenda.

Num outro dia, as crianças discutiam um episódio da história do marujo: aquele em que Simbá é jogado numa cova funda junto com sua falecida esposa, como era costume do povo dele. Guilherme se impressiona:

– Ah, não!!! Isso não pode! – disse enfaticamente, com os olhos arregalados.

– Isso não pode: é mulher de um lado e o homem de outro, é separado depois que morre – disse Guilherme, atento e fiel à leitura da história.

– Mas Gui, você ouviu o que eu li? Ele não tinha morrido e foi enterrado! – explicou a professora.

– Putz, sacanagem! – se indignou Gustavo.

– Mas isso também não pode, só quando tá morto – recolocou.

– Mas é verdade? – pergunta Mahiara, intrigada.

– É verdade que está escrito assim – responde a professora.

– Mas é verdade nos "árbs"? – insiste Luisa.

– É verdade na história – disse a professora.

– Ah, mas a história é de mentira – completou Luisa.

– A história é, mas a Sherazade, não – conclui o Gustavo enfaticamente.

Trecho retirado do material do programa ADI Magistério, realizado pela prefeitura do município de São Paulo, Orientação da Prática Educativa, módulo 1.

Atividade permanente 2 – Pasta de leitura (semanal)

As atividades permanentes com essa pasta acontecem semanalmente e têm como objetivo criar situações contextualizadas de leitura na escola e na família. Cada criança tem uma pasta simples onde são afixados textos variados: poesias, parlendas, trava--línguas, pequenos contos, letras de canções ou texto com biografia de um autor, uma receita que fizeram na escola.

Como fazer?

A cada semana, um texto é colocado na pasta. A professora entrega uma cópia para cada criança, faz a apresentação do texto, do autor, explica por que o escolheu (se é uma música da qual eles gostam, uma parlenda conhecida, uma receita que apreciaram, um autor que estão estudando etc.).

Lê em voz alta (caso o texto seja curto ou as crianças peçam para ler novamente), faz nova leitura (se o texto já for conhecido, como no caso de uma canção), se for um texto memorizável, pergunta se alguém quer ler ou pede para que todos leiam juntos. Em seguida, pode fazer comentários e abrir espaço para que as crianças falem. Depois disso, todos guardam seu texto na pasta e a levam para casa.

No verso da capa ou na primeira folha da pasta, há uma carta direcionada aos pais ou responsáveis para explicar a proposta, solicitar a parceria da família, orientar como deve proceder, informar com qual periodicidade a pasta vai para casa, dar orientações de como enriquecer esse trabalho. A participação da família pode acontecer de várias maneiras: realizar leituras em voz alta, dar e ouvir opiniões da criança sobre o texto, escrever um bilhete para a turma fazendo um comentário, elogiar os conhecimentos demonstrados pela criança, auxiliá-la a lembrar de que a pasta deve voltar pra escola, enfim, envolver-se com a proposta, servir de modelo de leitor e valorizar a leitura.

Há pais que não sabem ler convencionalmente. Nesse caso, podemos orientá-los a folhear a pasta, pedir para a criança contar ou ler o que souber, e ainda chamar um parente, vizinho ou amigo que saiba ler para participar desses momentos.

Existem relatos emocionantes de pessoas leitoras que tiveram pais analfabetos, mas que valorizavam demais a leitura, compravam livros para os filhos e alguns chegavam até a fingir que liam para eles para incentivá-los. Sem dúvida, um posicionamento participativo, comprometido e incentivador faz toda a diferença!

Sugestão de carta

Veja o modelo de carta criado pela *Escola Projeto Vida* – São Paulo – SP. A carta vai afixada na *Pasta de Leitura*.

Pasta de Leitura

Esta *Pasta de Leitura* que seu/sua filho(a) está levando para casa é um dos instrumentos utilizados pela *Escola Projeto Vida* na área de Língua Portuguesa.

Será arquivada nela uma coletânea de bons textos, de acordo com a faixa etária, que terá como objetivo contribuir com o processo de construção do conhecimento da criança no campo da linguagem escrita e oral, bem como colocá-la no papel de leitor, mesmo que ainda não leia convencionalmente. Com esse meio, procuramos apresentar aos nossos alunos e nossas alunas uma diversidade textual incluindo: parlendas, canções, poemas, adivinhas, trava-línguas, receitas, textos informativos etc. Em geral, textos que serão trabalhados em sala com a professora e que despertam o interesse das crianças. Esta coletânea possibilitará a busca autônoma do aluno pelos textos já trabalhados, podendo assim colaborar na formação de leitor dos nossos alunos.

A *Pasta de Leitura* seguirá na **segunda-feira**, sempre com um texto previamente trabalhado em sala, e deverá retornar à escola na **quarta-feira**.

Seguem algumas orientações a vocês, pais:

- Será muito importante que, em sua casa, **uma pessoa adulta** incentive a criança a ler ou apresente o texto e **leia-o junto com ela**.

- Não se limitem ao texto de cada semana. Permitam que a criança escolha algum outro texto da Pasta, que o reconheça com base nos registros feitos na folha, que leia para vocês do modo dela.

- Acima de tudo, proporcionem à criança a possibilidade de deliciar-se com o texto.

- Garantam o retorno da Pasta de leitura no dia combinado, para que a criança participe da rotina, de forma significativa.

Equipe Projeto Vida

Em uma outra folha da Pasta está escrito:

Esta folha poderá ser usada por vocês para solicitar esclarecimentos, fazer comentários e apresentar sugestões sobre este trabalho.

Atividade permanente 3: Mar de histórias (quinzenal)

Em *Quer ouvir uma história? Lendas e mitos no mundo da criança*, Heloisa Prieto, escritora, doutora em literatura francesa (USP), mestra em comunicação (PUC-SP), escreve: "Mar de Histórias" é a expressão que se usava em sânscrito para se referir ao universo das narrativas. Celinha Nascimento, educadora e mestra em literatura, apresenta o Mar de Histórias como "(...) uma atividade eficaz e querida de alunos e professores de todas as idades. Mar de Histórias é uma maneira de falar de literatura e de livros, de leituras, indicar títulos, autores e temas e ainda escolher livros que serão lidos pela turma ou socializados de alguma outra maneira". (NASCIMENTO, 2007)

O Mar de Histórias tem como objetivo promover o contato com os livros de uma forma muito descontraída e agradável, gerando a socialização das leituras e observações de cada participante. A intenção é que essa socialização abra espaço para conversas sobre as leituras de cada um e, de certa forma, auxilie na construção dos comportamentos leitores das crianças.

Como fazer?

Para fazer um mar de histórias você precisa de um tecido grande, pode ser liso, estampado, como for de sua preferência ou possibilidade – um pedaço de chita, um lençol antigo, uma colcha de retalhos produzida com a participação da comunidade. O tecido é estendido no chão e sobre ele são colocados os livros. Eles podem ser de diferentes gêneros:

- livros de poesias e folhas avulsas com poesias impressas;
- contos de encantamento;
- histórias de bruxas;
- contos africanos;
- lendas indígenas;
- livros de um mesmo autor;
- livros de um mesmo ilustrador;
- livros de um mesmo tema;
- e tantos outros mais que você quiser criar, de acordo com a escolha e necessidade de cada turma.

As crianças sentam no chão com o professor, ao redor do tecido. Ele apresenta o mar daquele dia, explicando qual o acervo escolhido, e fala a respeito dos livros expostos para deixar as crianças curiosas, instigadas à leitura.

O professor pode também fazer uma leitura em voz alta de algum daqueles livros, seguida ou não de comentários. Depois, as crianças escolhem o que querem ler, manuseiam os livros, devolvem, pegam outros, compartilham com os colegas. No final, falam dos livros que viram, comentam brevemente as histórias lidas, trocam opiniões e fazem indicações.

Fonte: Arquivo pessoal da autora

O que devemos ressaltar é que o mar de histórias pode ser montado e desmontado quando for preciso. Ele é um espaço itinerante de leitura e ao mesmo tempo é uma atividade. Pode ser arrumado na sala de aula, na área externa, num salão, num quintalzinho aparentemente sem utilidade ou mesmo no jardim. O mar de histórias pode acontecer a cada semana, e para selecionar o acervo o professor deve levar em conta a faixa etária do grupo, seus interesses e necessidades. Essa atividade pode ser realizada com professores e funcionários, somente com pais em uma reunião, com a participação de pais e filhos em um evento marcado previamente.

Além das atividades permanentes, existem ainda outras modalidades organizativas do tempo didático que promovem a continuidade e o aprofundamento de determinados conteúdos. São elas as sequências didáticas e os projetos didáticos.

Sequências didáticas

Como o próprio nome já diz, são formadas por sequências de atividades ordenadas e articuladas para trabalhar e/ou aprimorar conteúdos específicos que o professor avalia como importantes e necessários para a aprendizagem de seu grupo. Tem duração limitada de algumas semanas.

Em uma mesma sequência didática podemos contar com atividades coletivas, em pequenos grupos e individuais. O professor cria um foco sobre determinado conteúdo, oferecendo desafios aos alunos, levando em conta o que eles já sabem e o que precisam aprender.

Também se faz assim...

Digamos que um professor leia histórias todos os dias para sua turma de crianças de três anos, pois sabe que é importante ampliar o repertório de histórias maravilhosas. No desenvolvimento das rodas de leitura, percebe que seus alunos demonstram um grande interesse pela personagem da bruxa. Assim, faz uma sequência didática incluindo a leitura de várias histórias de bruxas, não apenas dos contos maravilhosos, mas dos contos modernos também. Lê diferentes versões de uma mesma história, pede para as crianças levantarem características da personagem, fazerem comparações, enfim, promove uma série de atividades de leitura com a intenção de ampliar o repertório e conhecer um pouco mais as histórias que apresentam bruxas, bruxos e feiticeiras e feiticeiros.

Sequência Didática 1 – Contos de Fadas

Autora: Edi Fonseca

Faixa etária – crianças de 4 anos

Tempo de duração – dois meses

Justificativa

Os contos de fadas são o foco desta sequência didática porque possuem grande valor cultural, histórico e literário. Apesar de tantas mudanças vivenciadas nos últimos tempos, as crianças ainda se encantam com os contos de fadas, histórias que nasceram na boca do povo e foram compiladas e organizadas pelos famosos:

- Charles Perrault – primeira coletânea de contos publicada no século XVII – na França;

- Os irmãos Jacob e Wilhelm Grimm – fizeram estudos linguísticos dos contos maravilhosos, acabaram formando uma coletânea no século XVIII, na Alemanha;

- Hans Christian Andersen – Entre 1835 e 1872, aproximadamente, na Dinamarca, completou o acervo da literatura infantil clássica. Ao contrário dos escritores citados anteriormente, ele compilou alguns contos e criou outros, mas todos com um toque mais romântico, menos violento, mais amaciado, abordando assuntos do comportamento humano, como justiça e direitos iguais a todos.

Tempos para a leitura – Modalidades organizativas

Com as leituras e recontos orais dos contos de fadas, alimentamos a fantasia, os sonhos, entramos em contato com o "faz de conta", com o mundo imaginário, e possibilitamos que as crianças se envolvam com a leitura, conhecendo outros lugares, culturas, personagens, costumes etc.

Podemos encontrar diferentes versões de uma mesma história, pois os contos de fadas inicialmente surgem na forma oral. Como sabemos, eles viajaram o mundo junto com as pessoas e foram se modificando, ganhando novas roupagens, porém não mudaram em sua essência e possuem uma estrutura bem definida:

- iniciam com um conflito ou problema – mais voltado para a realização do interior do indivíduo;

- a presença dos mediadores (fadas, varinhas de condão, poções mágicas) e opositores mágicos (gigantes, bruxas etc.);

- e em seu desfecho, um final feliz, momento em que o conflito é solucionado.

Sem dúvida, essa estrutura contribui para que as crianças construam algumas regularidades dos gêneros literários.

O contato com os contos de fadas possibilita que observem a beleza do texto escrito e as especificidades da oralidade.

Outros autores também compilaram contos tradicionais (entre eles os de fadas) que ouviram de pessoas do povo:

- Luís da Câmara Cascudo – *Contos tradicionais do Brasil*, 1946.

- Ítalo Calvino – *Fábulas italianas*, em 1956.

Por meio das rodas de histórias – lidas e contadas – as crianças perceberão diferenças e semelhanças entre os atos de ler e narrar oralmente, e ampliarão seu repertório de contos de fadas.

O que o professor espera que as crianças aprendam

- a fruir dos momentos de leitura ou narração oral dos contos de fadas;

- a reconhecer algumas características do gênero (expressões, fatos, personagens etc.);

- a familiarizar-se com a linguagem escrita por meio do contato com os contos de fadas;

- a recontar algumas histórias coletiva ou individualmente, com ou sem apoio do livro.

Para que isso aconteça, é preciso que o professor

- selecione os contos antecipadamente e se prepare para as leituras em voz alta;

- inicie a leitura pelas histórias conhecidas e apresente outras desconhecidas;

- indique as leituras, explicando suas opiniões e preferências e convide as crianças a fazer o mesmo;

- chame a atenção do grupo para as belezas encontradas no texto escrito com a releitura de algumas frases, versos, expressões, descrições ou mesmo trechos;

- narre os contos de fadas, considerando as expressões mais encontradas, os acontecimentos e o modo como cada parte da história precisa ser narrada (entonação), mudanças de voz e ritmo;

- quando necessário, planeje a leitura em capítulos e determine os pontos onde fará a interrupção para gerar suspense e possibilitar que as crianças antecipem acontecimentos;

- estabeleça momentos em que as crianças, mesmo não sendo alfabetizadas, possam ler sozinhas ou para o grupo. Uma possibilidade é solicitar que leiam trechos curtos ou que, por exemplo, apresentem um livro, lendo o nome do autor, do ilustrador, da editora e lendo o título;

- realize rodas de conversa frequentes para falar sobre os contos de fadas e suas especificidades, sensações – como medo e suspense – desencadeadas pelas narrativas ou simplesmente para comentá-las a partir de suas preferências;

- faça as leituras e narrações orais em locais variados, preparando o ambiente: na área externa, com biombo, com baú, dentro da sala escurecida e com o uso de uma lanterna etc.

Sequência sugerida, propostas que podem ser encadeadas

- leitura do professor, em voz alta, de contos de fadas conhecidos pelas crianças;

- leitura do professor, em voz alta, de contos de fadas desconhecidos pelas crianças;

- reconto oral dos contos de fadas pelo professor e pelas crianças. Em alguns casos, as crianças poderão recontar de forma coletiva e, em outros, individual;

- após cada leitura, realizar rodas de conversa para comentários;

- construção, com a participação das crianças, de um mural com imagens dos personagens preferidos (desenhados pelas crianças), lista de personagens e levantamento de características do gênero observadas;

- utilização do canto da sala com vários livros de contos de fadas, permitindo que as crianças possam manuseá-los, apreciá-los e recontá-los.

Bibliografia utilizada

ALMEIDA, Fernanda Lopes (trad.). **Contos de Perrault**. São Paulo: Ática, 2005.

ÁTICA. **Coleção contos de Grimm**. São Paulo: Ática, 2003.

BELINKY, Tatiana (trad.) **Os contos de Grimm**. São Paulo: Paulus, 1997.

CALVINO, Ítalo. **Fábulas italianas**. São Paulo: Companhia das Letras, 1992.

CASCUDO, Luís da Câmara. **Contos tradicionais do Brasil**. São Paulo: Global, 2000.

COELHO, Nelly Novaes. **O conto de fadas** – símbolos, mitos, arquétipos. São Paulo: DCL, 2003.

JAHN, Heloísa. **Histórias maravilhosas de Andersen**. São Paulo: Cia das Letrinhas, 1995.

Sequência didática 2 – Histórias de Eva Furnari

Autora: Edi Fonseca
Faixa etária – crianças de 5 anos
Tempo de duração – dois meses

Justificativa

Além de apresentar os diferentes gêneros da literatura, acreditamos que é muito importante que as crianças conheçam os autores e suas obras. Muitas vezes a escolha para nossa próxima leitura é guiada pelo fato de lermos um livro de determinado autor e, ao apreciarmos seu trabalho, queremos outro e mais outro.

Realizar uma sequência para apresentar o trabalho de determinado autor ajuda a criar uma familiaridade com ele, com suas obras, e a auxiliar as crianças no processo de escolha, de estabelecer relações e comparações com outras obras e escritores – ações próprias de um leitor.

Escolhemos Eva Furnari, porque ela iniciou sua carreira criando suas histórias por meio de seus desenhos, e mais tarde passou também a produzir histórias com texto e imagem, e queremos que as crianças conheçam e apreciem o percurso profissional dessa escritora e ilustradora.

Objetivos didáticos

- que as crianças possam conhecer alguns aspectos da vida de Eva Furnari, sua trajetória profissional e características presentes nas suas obras;

- que as crianças conheçam alguns de seus livros;

- que adquiram elementos para apoiar o processo de seleção de livros e sua formação como leitores.

Orientações didáticas

- selecionar e ter à mão os livros com antecedência para preparar as leituras e observar características da obra da autora;

- pesquisar a vida da autora e selecionar informações interessantes para as crianças. Se possível, levar trechos de textos informativos que falem a respeito e indicar de onde foram retirados (*internet*, revista, livro, jornal etc.);

- dividir as histórias em capítulos quando forem muito longas;

- mediar as discussões sobre as características da obra da autora e auxiliar no processo de registro das conclusões;

- propor às crianças a produção do mural de classe e/ou do diário de leitura para registro do processo leitor da turma;

- atuar como escriba dos comentários sobre as leituras;

- incentivar as crianças a falarem sobre suas opiniões para garantir que todas possam fazer seus comentários a respeito do que leram, observaram e ouviram.

Sequência prevista

Atividades	O que o professor quer que as crianças aprendam?
Mar de histórias com livros de imagens da autora. Deixá-los ao acesso das crianças em uma bancada ou caixa.	Reconhecer os livros de imagens da autora.
Conversa sobre a apreciação dos livros e as histórias.	Socializar e ouvir comentários sobre o que lê/observa.
Apresentação sobre dados interessantes da vida da autora: local de nascimento, infância, estudos, como começou a trabalhar como escritora e ilustradora. Providenciar imagens para apresentar às crianças e colocá-las no mural da sala.	Conhecer dados da vida e percurso profissional da autora.
Leitura pelo professor do livro *Violeta e roxo* – deixar o livro à disposição para as crianças o pegarem.	Conhecer a primeira obra de imagem e texto de Eva Furnari.
Produzir coletivamente um comentário sobre o livro para colocar no mural da sala e posteriormente no diário de leitura da turma.[1]	Registrar o percurso leitor da turma.
Mar de histórias com livros da personagem Bruxinha.	Conhecer uma personagem muito marcante na obra da escritora.
Conversa sobre as características observadas.	Socializar e ouvir comentários sobre o que lê/observa.
Mar de histórias de livros da autora com rimas e trocadilhos: *Não confunda...*, *Assim assado, Você troca?*, *Adivinhe se puder* e *Travadinhas*.	Observar a presença de rimas e trocadilhos na obra da autora.
Leitura pelo professor do livro *Cocô de passarinho*.	Observar a presença do humor e de assuntos relacionados ao cotidiano das pessoas nas obras da autora.
Leitura pelo professor do livro *Felpo Filva*.	Idem ao anterior.
Leitura pelo professor do livro *Os problemas da família Gorgonzola*.	Idem ao anterior.
Mar de histórias para observar como Eva Furnari desenha seus personagens.	Observar personagens, cenários, detalhes, cores, traçados.

Tempos para a leitura – Modalidades organizativas

Crianças desenharão personagens com base no estilo de ilustração de Eva Furnari para colocar no mural da sala.	Perceber o estilo de ilustração da autora com propostas detalhadas, fora de padrão – desproporcionais e divertidas.
Leitura pelo professor do livro *Pandolfo e Bereba*.	Perceber que essa história se passa em um reino – como nos contos de fadas –, mas com uma boa dose de humor e do nonsense. (Do absurdo, do que parece sem sentido.)
Leitura pelo professor do livro *Dauzinho*.	Idem ao anterior.
Leitura pelo professor do livro *Rumboldo*.	Idem ao anterior.
Leitura pelo professor do livro *Tartufo*.	Idem ao anterior.

[1]Esta atividade será realizada sempre que participarem da leitura de um dos livros da autora e que julgarem merecer um comentário no mural ou diário de leitura.

Sugestões de livros para esta sequência

FURNARI, Eva. *Adivinhe se puder*. São Paulo: Moderna, 1994.

_____. *Amendoim*. São Paulo: Paulinas, 1983.*

_____. *Assim assado*. São Paulo: Moderna, 1991.

_____. *A bruxinha e as maldades da sorumbática*. São Paulo: Ática, 2001.

_____. *A bruxinha e o Godofredo*. São Paulo: Global, 1983.*

_____. *A bruxinha e o Gregório*. São Paulo: Ática, 1983.*

_____. *A bruxa Zelda e os 80 docinhos*. São Paulo: Ática, 1994.

_____. *A menina da árvore*. São Paulo: Studio Nobel, 1994.*

_____. *A menina e o dragão*. São Paulo: Formato, 1980.*

_____. *Bruxinha 1*. São Paulo: FTD, 1987.*

_____. *Bruxinha 2*. São Paulo: FTD, 1987.*

_____. *Bruxinha atrapalhada*. São Paulo: Global, 1982.*

_____. *Bruxinha e Frederico*. São Paulo: Global, 1988.

_____. *Bruxinha Zuzu*. São Paulo: Moderna, 2010.*

_____. *Bruxinha Zuzu e o gato Miú*. São Paulo: Moderna, 2010.*

_____. *Cabra-cega*. São Paulo: Ática, 1980.*

_____. *Catarina e Josefina*. São Paulo: Formato, 1980.*

_____. *Cocô de passarinho*. São Paulo: Cia das Letrinhas, 1998.

_____. *Dauzinho*. São Paulo: Moderna, 2002.

_____. *De vez em quando*. São Paulo: Ática, 1980.*

_____. *Esconde-esconde*. São Paulo: Ática, 1980.*

_____. *Felpo Filva*. São Paulo: Moderna, 2005.

_____. *Não confunda...* São Paulo: Moderna, 1991.

_____. *O amigo da bruxinha*. São Paulo: Moderna, 1983.*

_____. *O problema do Clóvis*. São Paulo: Global, 1992.*

_____. *Os problemas da família Gorgonzola*. São Paulo: Global, 2001.

_____. *Pandolfo Bereba*. São Paulo: Moderna, 2000.

_____. *Por um fio*. São Paulo: Paulinas, 1992.*

_____. *Quem cochicha o rabo espicha*. São Paulo: FTD, 1986.*

_____. *Quem embaralha, se atrapalha*. São Paulo: FTD, 1986.*

_____. *Quem espia, se arrepia*. São Paulo: FTD, 1986.*

_____. *Quer brincar?* . São Paulo: FTD, 1987.*

_____. *Ritinha bonitinha*. São Paulo: Formato, 1980.*

_____. *Rumboldo*. São Paulo: Moderna, 2002.

_____. *Tartufo*. São Paulo: Moderna, 2002.

_____. *Todo dia*. São Paulo: Ática, 1980.*

_____. *Traquinagens e estripulias*. São Paulo: Global, 1982.*

_____. *Travadinhas*. São Paulo: Moderna, 1994.

_____. *Trucks*. São Paulo: Ática,1997.*

_____. *Trudi e Kiki*. São Paulo: Moderna, 2010.

_____. *Violeta e roxo*. São Paulo: Quinteto editorial, 1984.

_____. *Você troca?* São Paulo: Moderna, 1991.

_____. *Zuza e Arquimedes*. São Paulo: Paulinas, 1983.*

* Somente livros de imagens.

Bibliografia utilizada

GUIDIN, M. L. **Eva Furnari e seus encantos**. São Paulo: Moderna, 2010.

Tempos para a leitura – Modalidades organizativas

Projetos didáticos

Os projetos didáticos têm algumas características bastante específicas. Uma característica fundamental é que eles têm objetivos compartilhados com os alunos. E o que isso significa? Significa que o professor explica ao grupo o que irá fazer, qual o produto final do projeto a ser realizado, pois todo projeto tem um produto final com uma função comunicativa.

Dessa forma, as crianças participam das tomadas de decisões sobre as atividades a serem realizadas para chegarem ao tal produto. Assim, sabendo o que estão fazendo e por que estão fazendo determinadas atividades, as crianças se envolvem com o trabalho e estabelecem mais relações entre os conhecimentos que já possuem com os novos.

Os projetos didáticos podem envolver mais de uma área do conhecimento.

Eles possuem etapas de trabalho que são planejadas com a participação das crianças, como já foi posto. Sendo assim, são uma modalidade recomendada para grupos de crianças a partir de três anos. Eles têm duração variável, de acordo com os objetivos, o envolvimento dos alunos e o desenvolvimento das atividades.

Por meio dos projetos, as crianças têm a oportunidade de trabalhar em grupo: dividem tarefas, tomam decisões, ouvem a opinião dos colegas, colocam suas opiniões, avaliam o que já foi feito e o que ainda precisam fazer.

A primeira etapa é o levantamento dos conhecimentos prévios das crianças sobre o assunto. Em seguida, precisam socializar o que já sabem e o que precisam aprender.

O produto final evidencia as etapas que as crianças percorreram e os conhecimentos necessários para sua realização.

A gravação de um CD pelas crianças de três anos com suas poesias preferidas para presentear as crianças do berçário; uma semana de recontos narrados pelo grupo de crianças de cinco anos, uma tarde para as crianças de quatro anos ensinarem brincadeiras cantadas para as famílias, a produção de um jogo supertrunfo (jogo de cartas temáticas – serpentes, carros, dinossauros etc.), uma exposição sobre a vida nos castelos medievais são alguns exemplos de projetos que envolvem a leitura de textos literários e/ou informativos.

Projeto 1 – Três compositores

Realizado na escola de Educação Infantil *Logos* – São Paulo – SP.

Professores: Beatriz Pedro Cortese, Edi Fonseca, Elaine Ponce Lavado e Fernando Brandão Correia Filho.

Autora: Edi Fonseca

Eixos de trabalho predominantes: Língua Portuguesa, Artes Plásticas, Ciências Humanas e Música.

Faixa etária: crianças de quatro a cinco anos.

Tempo de duração: oito meses.

Objetivos compartilhados com os alunos:

- Estudar a vida e a obra de três compositores brasileiros para uma exposição e apresentação musical no sábado cultural da escola.

O que a professora quer que as crianças aprendam?

Objetivos específicos de:

Língua Portuguesa:

- selecionar informações dos textos pesquisados;
- acompanhar as letras das canções por meio da leitura;
- relacionar os conteúdos apresentados das canções com características do lugar onde viveu cada compositor;
- produzir legendas para imagens da exposição.

Artes Plásticas:

- estudar as características físicas dos compositores para a confecção de bonecos para a exposição;
- Realizar desenhos de observação e de imaginação.

Tempos para a leitura – Modalidades organizativas

Ciências Humanas:

- conhecer dados da vida e da obra dos compositores e relacioná-los ao estado brasileiro onde nasceram (Noel – Rio de Janeiro, Dorival – Bahia, e Adoniran – São Paulo) e à época em que começaram suas carreiras;

- costumes da época;

- transformações na paisagem;

- comparar a produção musical dos anos 1930 e a atualidade – o rádio, o processo de gravação, a produção de disco de vinil etc.

Música:

- características da formação de um coral;

- valorizar a memória musical brasileira;

- conhecer diferentes canções de cada um dos compositores.

A ideia é que, a cada dois meses, seja estudado um compositor e que as crianças selecionem as músicas preferidas para o *pout pourri* (apresentação realizada com apenas trechos de canções) que será mostrado como produto final.

Se houver três turmas ou mais, cada uma poderá se responsabilizar pela produção de um boneco e de uma parte da exposição. Mas todas estudarão os três compositores.

Para começar

Realizar uma conversa com as crianças sobre compositores e cantores que elas já conhecem. Apresentar o nome dos compositores a serem estudados e verificar se alguém os conhece. Selecionar músicas mais famosas de cada compositor para apresentar um trecho.

Sugestão de possíveis atividades encadeadas:

- ouvir várias canções dos compositores (algumas por vez) e selecionar as preferidas;

- ler as letras das canções e memorizá-las;

- aprender a cantar as canções selecionadas e gravar a turma cantando para que os alunos possam se ouvir;

- conversar sobre as letras das canções e a relação com a história do compositor e o lugar onde viveu;

- estudar a biografia de cada compositor;

- pesquisar curiosidades e outras informações complementares – paisagem local, hábitos e costumes da época, estilo de vestimenta de cada compositor etc.;

- assistir a depoimentos e DVDs dos compositores;

- fazer exercícios de voz e exploração de sons com o corpo;

- ensaiar os trechos das canções;

- produção de desenhos para a exposição – desenho de observação dos compositores em diferentes situações – quando jovem, quando velho, cantando, no lugar onde viveu;

- selecionar imagens dos compositores e produzir legendas;

- produção do pano de fundo onde ficará cada boneco;

- produção dos bonecos – três bonecos grandes feitos com roupas e enchimento de espuma e cabeça com técnica de empapelamento sobre bexiga;

Para que o projeto possa se concretizar, é fundamental que o professor:

- conheça previamente o conteúdo a ser estudado com as crianças – pesquisar na internet, em livros e revistas de coleções, realizar leituras, ouvir CDs e assistir a DVDs;

- selecione textos e materiais a serem pesquisados pelas crianças e os textos que serão lidos em voz alta pelo professor;

- planeje as rodas de audição, leitura e de conversa sobre as letras das canções – selecionar músicas com antecedência, fazer cópias das letras das canções para todos;

- selecione e organize materiais para as produções artísticas das crianças;

- explicite comportamentos leitores nas situações de diferentes propósitos leitores: ler para pesquisar, por prazer, para buscar informações gerais;

- promova variadas situações de leitura: compartilhada, individual, em pequenos grupos, pelo professor e, em voz alta, pelo aluno;

- promova diferentes formas de organização dos grupos, de acordo com as atividades:

- atividades em pequenos grupos: um faz o empapelamento da cabeça do boneco, outros fazem o enchimento das roupas com espuma. Cada grupo desenha o compositor em uma situação diferente;

- atividades coletivas – todos ajudam a pintar o papel *craft* que servirá como pano de fundo, participam do ensaio, das rodas de conversa etc.

Boneco Dorival Caymmi
Fonte: Arquivo pessoal da autora

Boneco Noel Rosa
Fonte: Arquivo pessoal da autora

Boneco Adoniram Barbosa
Fonte: Arquivo pessoal da autora

Materiais necessários

- aparelho toca-CD;
- gravador;
- CDs com músicas dos compositores e letras das canções;
- livros e *songbooks* para pesquisa;
- roupas e acessórios (chapéus, cachecol, cinto, gravata) velhos ou emprestados e espuma para a produção dos bonecos;
- bexigas, papel-jornal, tinta guache, pincéis, papel pardo ou *craft*, fita-crepe – para a produção dos bonecos e do pano de fundo/cenário.

Bibliografia utilizada

CAYMMI, Stella. **Dorival Caymmi – o mar e o tempo**. São Paulo: Editora 34, 2001.

DINIZ, André. **Noel Rosa – o poeta do samba e da cidade**. São Paulo: Casa da Palavra, 2010.

DINIZ, André; DINIZ, Juliana. **Adorinan Barbosa**. São Paulo: Moderna, 2008.

DINIZ, André; DINIZ, Juliana. **Noel Rosa**. São Paulo: Moderna, 2008.

FOLHA DE SÃO PAULO. **Adoniran Barbosa**. São Paulo: Folha de São Paulo, 2010. (Coleção raízes da música popular brasileira.)

FOLHA DE SÃO PAULO. **Dorival Caymmi**. São Paulo: Folha de São Paulo, 2010. (Coleção raízes da música popular brasileira.)

FOLHA DE SÃO PAULO. **Noel Rosa**. São Paulo: Folha de São Paulo, 2010. (Coleção raízes da música popular brasileira.)

Vinil

Coleção Nova história da música popular brasileira. Abril Cultural, RCA. 1976.

DORIVAL CAYMMI. Abril Cultural - RCA. 1976

ADONIRAN BARBOSA/PAULO VANZOLINI. Abril Cultural - RCA. 1976

NOEL ROSA. Abril Cultural - RCA. 1976

CDs

FOLHA DE SÃO PAULO. **Adoniran Barbosa**. Coleção raízes da música popular brasileira. São Paulo: Folha de São Paulo, 2010.

FOLHA DE SÃO PAULO. **Dorival Caymmi**. Coleção raízes da música popular brasileira. São Paulo: Folha de São Paulo, 2010.

FOLHA DE SÃO PAULO. **Noel Rosa**. Coleção raízes da música popular brasileira. São Paulo: Folha de São Paulo, 2010.

GLOBO. **Coleção MPB**. Rio de Janeiro: Editora Globo, 1997.

Desenho produzido pelo aluno Kim, após o projeto "Três compositores"
Fonte: Kim Sarkovas S. Figueiredo

Projeto 2 – Mergulhando no universo marinho

Realizado na Creche *Casa da Criança*, Ermelino Matarazzo, São Paulo – SP, Instituto *Avisa Lá*.

Projeto retirado do livro *Ciência, arte e jogo*.

Autora: Adriana Klisys

Eixo de Trabalho: Natureza e Sociedade e Língua Portuguesa

Conteúdos:

- seres vivos (espécies marinhas);
- leitura de texto informativo.

Tempo de duração: quatro a cinco meses.

Objetivo compartilhado com as crianças: Montar uma coleção de espécies marinhas *in vitro* para a creche e um arquivo fichário para consultas.

Objetivos didáticos:

- apresentar alguns conhecimentos sobre espécies marinhas;
- socializar procedimentos para a busca e sistematização de informações.

Etapas prováveis:

Levantar os conhecimentos prévios das crianças e das questões a serem pesquisadas.

Organizar a turma em subgrupos menores para fazer a pesquisa nos livros.

Elaborar perguntas para nortear a busca de informações.

Procurar, em livros especializados e ricos em imagens, as informações que buscam saber, determinadas em discussões anteriores.

Registrar as respostas às indagações do grupo.

Comunicar o resultado da pesquisa, apoiado nos registros e livros, ao grupo.

Organizar passeios para ampliar os conhecimentos sobre o assunto; levar questões que precisam ser pesquisadas *in loco*, propor a coleta de materiais para a pesquisa na sala.

Sistematizar as informações em fichas de consulta disponíveis na coleção.

Orientações didáticas:

- montar uma pequena biblioteca especializada sobre o assunto em questão para pesquisas do grupo. Todos poderão estar empenhados na montagem desse acervo;

- separar, na sala de aula, um painel no qual as crianças possam ir fixando informações sobre o estudo. É importante que a sala comece a ganhar a cara do projeto, com produções das crianças e cartazes ilustrativos/informativos;

- dispor de um mapa-múndi para localizar o local de origem e trajetória das baleias, golfinhos e outros animais;

- organizar grupos de pesquisa de tal forma que todas as crianças participem;

- selecionar o material previamente, criando condições para que as crianças façam a pesquisa com autonomia, por meio das imagens fornecidas pelas ilustrações. Após a pesquisa, o professor também poderá ler trechos relevantes dos livros utilizados;

- lembrar que o objetivo central deste projeto não é fazer com que as crianças acumulem informações sobre o assunto estudado, mas saibam estabelecer relações entre os conhecimentos prévios e as novas informações, suas hipóteses e o conhecimento científico;

- ao longo do estudo, fazer perguntas direcionadas a cada uma das crianças. É importante que todas tenham a oportunidade de comunicar seus saberes a todos do grupo;

- pesquisar, em bibliotecas públicas ou das universidades da região, materiais que possam ser usados com crianças ou em estudos realizados pelas educadoras;

- o professor deve ser o escriba, anotando pontos importantes para o grupo.

O que se espera que as crianças aprendam:

- a diversidade da vida marinha, algumas das espécies dessa fauna e sua relação com o meio;

- a extrair informações de diversas fontes de imagem, como livros, cartazes, filmes, observação direta etc.;

- a ser capazes de elaborar suas próprias teorias sobre os fatos que observarem e de se interessar por socializar suas descobertas com os demais;

- a realizar procedimentos, como a observação, a verificação e a experimentação, que lhes permitam desenvolver uma postura de pesquisador;

- a se interessar por saber mais sobre o mundo que as cerca;

- a reelaborar suas próprias teorias, reorganizando seus conhecimentos prévios e sistematizando-os de forma que outras crianças possam aprender com o material produzido pela turma.

Bibliografia utilizada

FUHR, U. **A baleia**. São Paulo: Melhoramentos, 1993.

Baleias: gigantes do mar. In: **National Geographic Society**. São Paulo: Klick, s/d.

CHERQUES, S. **Dicionário do mar**. São Paulo: Globo,1999.

COUTINHO, R. **Praia**. São Paulo: Salamandra,1991. (Coleção de Mãos Dadas com a Natureza.)

DE BECKER, G. **O mundo fascinante dos animais – peixes**. São Paulo: Girassol, 2008.

DURRELL, G. **Naturalista amador, um guia prático ao mundo da natureza**. São Paulo: Martins Fontes, 1989.

GANERI, A. **Atlas dos oceanos**. São Paulo: Martins Fontes, 1994.

GANERI, A; Wook, Jakki. **Mares e oceanos**. São Paulo: Callis, 1996.

GENOFRE, G. **A estrela-do-mar; Água-viva; Ouriço-do-mar; Os corais; A esponja-do-mar; As algas**. São Paulo: FTD, 1996. (Coleção Vida Marinha.)

GENOFRE, G. **Siri e o caranguejo; O polvo; O caramujo-marinho; O mexilhão; Anêmona**. São Paulo: FTD, 1997. (Série Vida no Mar.)

HETZEL, B. **Rosalina, a baleia pesquisadora de homens**. São Paulo: Brinque-Book, 2004.

STEENE, R. **Oceanic Wilderness**. Londres: New Holand Publisher, 2007.

Filmes

Atlantis - um mundo além das palavras
Luc Besson, documentário, França, 1991.

As grandes baleias (National Geografic Video)
Nicolas Noxon, documentário, EUA, 1983.

As jóias do mar do Caribe
National Geografic, documentário, Inglaterra, 1996.

Fernando de Noronha - 500 anos
Cláudio Savaget, documentário, Brasil, 1998.

Imensidão Azul
Luc Besson, drama, EUA/França/Itália, 1988.

Mobie Dick
Warner Bros; EUA, 1956.

Tubarões, As grandes baleias, As joias do mar do caribe
(National Geografic Video)

Um mergulho no Caribe Look Vídeo

Sites:

http://www.ibama.gov.br (Instituto Brasileiro do Meio Ambiente e dos Recursos Naturais Renováveis)

http://www.baleiajubarte,org.br (Instituto Baleia Jubarte)

http://www.tamar.org.br (Projeto Tartarugas Marinhas)

http://www.baleiafranca.org.br (Projeto Baleia Franca)

http://www.io.usp.br (Museu Oceanográfico da Universidade de São Paulo)

Tempos para a leitura – Modalidades organizativas

Projeto 3 – De casa para creche, da creche para casa

Projeto realizado na Creche *Casa da Criança*, Ermelino Matarazzo, São Paulo – SP. Instituto *Avisa Lá*.

Autora: Silvana Augusto

Área de conhecimento: Língua Portuguesa e socialização – um projeto para a adaptação.

Tempo previsto: dois meses.

Faixa etária: crianças de três anos.

Objetivos:

Compartilhado com as crianças: Montar um livro de cada criança e um CD do grupo com poesias e histórias das mães.

Didáticos:

- apresentar crianças e famílias para esse novo grupo: quem são e como são;

- inserir as famílias no contexto da creche fazendo-as participar do período de adaptação pela proposta educativa: fazer a cultura, as informações sobre o mundo e o conhecimento produzido na creche chegarem até as famílias, por intermédio das crianças;

- apoiar crianças e famílias nesse momento difícil que é a adaptação.

Orientações didáticas para o projeto:

- combinar com as famílias e as crianças os momentos em que virão para creche, de forma que as crianças possam participar das decisões, que saibam por que recebem algumas visitas; marcar num calendário;

- marcar com antecedência os horários de visitas de pais, assegurando, de preferência, ou o horário de entrada, ou de saída, para que as crianças fiquem bem durante o dia;

- garantir que todas as crianças tenham os livros de poesias completos e que realmente sejam usados na creche e na escola; é importante que eles venham e voltem na mochila todos os dias;

- é importante copiar as poesias para todo mundo (pode ser mimeografado), mas não esquecer de dar as referências: título, autor, livro de onde foi retirado. As crianças também precisam ter essas referências, não podemos deixar de informá-las;

- é preciso firmar constância para que o grupo se aproprie tanto da estrutura desse texto quanto da rotina de atividades da creche. Isso ajuda a esclarecer o papel da creche e dos alunos.

Sequência prevista:

Atividade	O que a professora quer...
1 Confeccionar crachás para todas as crianças, escrevendo os nomes com letras grandes. Colocar nomes também nos cabides para identificar o espaço de cada um.	Apresentar todo o grupo, garantir que sejam sempre chamados pelo nome para facilitar a memorização.
2 Pedir que cada mãe traga meio metro de tecido para confeccionar almofadas para a roda. Reservar pequenos retalhos para identificação dos cabides junto com os nomes. Convidar uma ou duas mães para vir à creche ajudar a costurar as almofadas com as crianças. Marcar essas visitas no calendário.	Inserir as famílias no trabalho da creche, dividir com as crianças as tarefas do grupo, cuidar que os materiais das crianças sejam todos identificados, que cada um tenha suas coisas e saiba onde pode guardar.
3 Separar pequenos retalhos para fazer um jogo da memória.	Que as crianças tenham cada vez mais oportunidades de jogar com o grupo, que se criem motivos para se estar junto.
4 Com o restante do pano, confeccionar uma colcha de retalhos para marcar o canto da poesia. Ver com as crianças qual mãe poderia fazer isso para o grupo.	Que a roda de poesia seja identificada por essa colcha que traz um pedaço de cada um.

Tempos para a leitura – Modalidades organizativas

5 Pesquisar com as famílias quem tem o hábito de contar histórias ou ler algo para os filhos. Marcar um horário na saída para que uma mãe ou pai possa vir na creche contar para as outras crianças a história que sabe contar para o filho.	Conhecer um pouco mais do universo das famílias, socializar conhecimentos.
6 Ler poesias na roda; marcar o canto desses livros com a colcha de retalhos. Cada nova poesia deve ser copiada para todas as crianças; fazer um livro para cada um, que vai e vem de casa para creche todos os dias. Isso é importante para que as famílias possam ler para os filhos.	Inserir um novo gênero no cotidiano, diferente das histórias, que devem ser atividades permanentes. Promover a ampliação deste repertório, que as crianças possam se familiarizar com as poesias e que possam apresentá-las em casa, que saibam onde estão as poesias de que gostam, que possam fazer antecipação de significados.
7 A roda de leitura de poesia deve ser diária, nem que as crianças fiquem pouco tempo.	Garantir sistematização da atividade; é preciso insistir em muitos momentos, ter constância para que o grupo possa se apropriar tanto da estrutura do texto quanto da própria organização da atividade na creche.
8 Convidar algumas mães para vir, uma por vez, no final do dia, ler e gravar uma poesia para o filho ouvir na creche.	Introduzir as famílias no trabalho da creche, socializar conhecimentos, promover o convívio de famílias e crianças por meio do conhecimento, esclarecendo o papel da creche.
9 Procurar saber se alguma mãe sabe de cor um versinho, uma quadrinha popular que queira contar para o grupo e incluir no livro.	Introduzir as famílias no trabalho, socializar conhecimentos.
10 Combinar poesias surpresas; novas poesias que vão para o livro, mas que a professora não vai ler; as famílias leem em casa e os filhos contam na roda como foi, quem leu, do que fala etc.	Idem ao 7, incentivar as crianças a pedir para os pais lerem, incentivar as famílias a atenderem aos pedidos dos filhos.

11 Combinar momentos de ler poesias na roda; marcar o canto de poesias com a colcha de retalhos. As que estão sendo memorizadas podem ser gravadas.	Familiarizar as crianças com esse tipo de texto, ampliar o repertório conhecido.
12 Combinar com o grupo pequenos saraus para poucos convidados por vez; a turma pode fazer receitas de suco, bolinhos, biscoitos para receber os pais que vão ler e gravar poesias para o grupo todo ouvir na creche.	Idem ao 8.
13 Outras vezes, as mães podem combinar com os filhos uma receita gostosa que o filho goste e queira dividir com os amigos da sala para levar no dia em que ela for ler a poesia para o grupo.	Idem ao 7.
14 Ler e cantar poesias do Vinícius - Arca de Noé. Combinar com antecedência a visita de um pai que possa tocar no violão (ou outro instrumento) uma dessas músicas.	Idem ao 7; ampliar repertório.
15 Marcar um ensaio com todos os pais disponíveis; escolher repertório de poesias favoritas do grupo, cantadas ou não.	Idem ao 7 e ao 10.

Atividade de finalização

Atividade	O que a professora quer...
Gravar um CD ou fita cassete de poesias com a participação das famílias e das crianças.	Que as famílias deixem uma participação delas no trabalho dos filhos, que estejam presentes, representadas na creche por esse trabalho.

Tempos para a leitura – Modalidades organizativas

Bibliografia utilizada

AGUIAR, V.; ASSUMPÇÃO, S; JACOBY, S. **Poesia fora da estante**. Porto Alegre: Projeto, 1998.

ITAÚ CULTURAL. **Cadernos de poesia brasileira – poesia infantil**. São Paulo: Itaú Cultural, 1996.

LALAU; LAURABEATRIZ. **Bem-te-vi e outras poesias**. São Paulo: Cia das Letrinhas, 1994.

LALAU; LAURABEATRIZ. **Fora da gaiola**. São Paulo: Cia das Letrinhas, 1995.

LALAU; LAURABEATRIZ. **Girassóis**. São Paulo: Cia das Letrinhas, 1995.

Materiais:

uma fita cassete ou CD virgem;

cartolina (meia folha para cada criança – para a pasta);

papel sulfite, de preferência colorido (seis folhas para cada criança);

canetas coloridas grossas Pilot;

pano para marcar lugar das poesias.

Atividades ocasionais

São atividades que não estão diretamente ligadas com as propostas trabalhadas, mas que são valiosas, pois fazem sentido no momento e muitas vezes são trazidas pelas próprias crianças. Por exemplo, acontece um grande evento esportivo que provoca vários comentários e as crianças mostram interesse pelo assunto. O professor pega um jornal e lê para as crianças a reportagem que aborda tal evento. Outro exemplo: o grupo está trabalhando com contos de fadas e uma criança leva um livro de poesia que ganhou e quer muito mostrá-lo ao grupo. O professor poderá abrir esse espaço para compartilhar a leitura com todos. ∎

4 Temperos para os tempos de leitura

Critérios de escolha de livros para a formação de um acervo para a Educação Infantil

Como escolher os livros e outros suportes de leitura para formar o acervo da escola de Educação Infantil? O que adquirir e quais os critérios? Com certeza a escolha partirá do que conhecemos e do que gostamos. Mas não podemos apresentar às crianças somente o que gostamos e, com certeza, há uma infinidade de livros que não conhecemos. A escola precisa levar em conta a diversidade, para que o público atendido tenha a chance de escolher o que quer ler. Vejamos algumas sugestões que podem auxiliar nessa busca pelos livros:

1. Selecionar livros que permitam o contato com os mais diferentes gêneros *da literatura*.

   Eles serão apresentados pela escola ao longo da permanência da criança na Educação Infantil para a ampliação do universo cultural e literário:

   - poesias;

   - textos de tradição oral: parlendas, adivinhas, trava-línguas, cantigas, quadrinhas, contos maravilhosos, mitos e lendas;

   - fábulas;

   - contos modernos.

2. *Selecionar livros com boa qualidade de texto.*

O livro tem uma boa história? Ao escrever o texto o autor primou pela beleza? Como o autor escreve? Ao ler a história é preciso observar se o texto é bem escrito, sem infantilizar a linguagem, subestimando a capacidade da criança, se há um bom enredo com um desfecho interessante, belas descrições, detalhes importantes etc.

> Para qualidade em literatura entendo exatamente a mesma coisa para qualquer idade: riqueza de forma e riqueza de conteúdo. Especificando minimamente: texto inventivo, não linear, conteúdo vertical; pluralidade de interpretações possíveis, vários níveis de leitura; densidade; aderência. Da literatura não fazem parte: o lugar comum, a frase feita, a história previsível, a linguagem infantilizante, a função didático-moralizante. (COLASANTI, 2005)

3. *Livros de autores de reconhecido valor.*

- Ruth Rocha, Tatiana Belinky, Eva Furnari, Marina Colasanti, Ricardo Azevedo, Ziraldo, Silvia Orthof, Sidónio Muralha, Cecília Meireles, Angela Lago, Pedro Bandeira são alguns dos autores consagrados que fazem parte do time de escritores que compõem a obra literária brasileira muito apreciada pelas crianças (e pelos adultos também).

Se você não os conhece, procure informações sobre os escritores que têm suas obras voltadas para as crianças. Busque informações na internet, na biblioteca de sua cidade, com um professor de Língua Portuguesa e Literatura ou mesmo com um leitor voraz. Muitos desses autores têm *sites* com informações sobre suas obras e espaços para comentários das crianças.

Irmãos Grimm, Perrault, Ítalo Calvino, Câmara Cascudo, Sílvio Romero são alguns nomes de escritores que organizaram obras

Temperos para os tempos de leitura

com histórias contadas pelo povo originando verdadeiras obras-primas da literatura, como é o caso de *Chapeuzinho Vermelho*, *Os três porquinhos*, *Branca de Neve e os Sete Anões* e outros. Entretanto, as histórias de tradição oral foram reescritas por muitos outros autores, tomando por base a compilação realizada pelos primeiros. É importante verificar a qualidade do texto. Muitos destes, ao serem reescritos, são tão reduzidos que perdem sua riqueza.

Por exemplo, vejamos o primeiro parágrafo da história *Branca de Neve*, retirado do livro *Contos de Fadas dos Irmãos Grimm*, com tradução de Celso M. Paciornik, editado pela Iluminuras:

No meio do inverno, quando a neve caía em grandes flocos, uma certa rainha sentava-se trabalhando ao lado de uma janela com um lindo caixilho de ébano negro, e distraída que estava admirando a neve, espetou o dedo e deixou cair três gotas de sangue. Ela olhou, então, pensativamente para as gostas vermelhas que salpicaram a alvura da neve e disse: 'Gostaria que minha filha fosse branca como a neve, vermelha como o sangue e negra como a moldura de ébano da janela!' E assim a garotinha nasceu: sua pele era branca como a neve, suas faces rosadas como o sangue e seu cabelo negro como o ébano; e ela foi chamada Branca de Neve.

Mas essa rainha morreu e o rei logo se casou com outra mulher que era muito formosa, mas tão orgulhosa que não podia suportar a ideia de que alguém pudesse superá-la em beleza. Ela possuía um espelho mágico onde se mirava, dizendo:

Espelho, espelho meu!

Haverá no mundo

Alguém mais bela do que eu?"

Vejamos agora outra versão da mesma história:

"Branca de neve era uma princesa de cabelos negros como a noite, pele branca como a neve e lábios vermelhos como o sangue. Ela morava com sua madrasta que era uma rainha malvada e muito vaidosa.

Todos os dias a rainha se dirigia a seu espelho mágico e perguntava:

– Espelho, espelho meu, existe alguém mais bonita do que eu?"

Qual das duas você prefere? Em qual delas há mais beleza, mais atenção com as palavras – já que a literatura é a arte da palavra?

Temos outro exemplo, desta vez um trecho da história *O patinho feio*, do livro *Os mais belos contos de Andersen* – Marcos Maffei e Silke Leffer – Ed. Salamandra.

Era verão e estava tão bonito lá no campo, com a aveia ainda verde, mas o trigo já ficando amarelo, e, sobre a relva, os feixes do feno recém-cortado, e as cegonhas andando com suas longas pernas vermelhas e falando egípcio, pois essa foi a língua que aprenderam com suas mães. Em volta do campo havia florestas, e nelas se escondiam lagos de todos os tamanhos. Sim! O campo estava realmente adorável!

O velho castelo, com um fosso profundo em volta, estava ensolarado. Entre as muralhas e o fosso havia uma faixa estreita de terra coberta por uma folhagem alta, tão alta que uma criança podia ficar de pé debaixo dela e se imaginar perdida no meio da selva. Ali uma pata fizera seu ninho. Estava chocando seus ovos, e um pouco aborrecida, porque estava demorando muito e quase ninguém vinha visitá-la. As outras patas preferiam ir nadar a vir lá ficar fofocando sob a folhagem.

Temperos para os tempos de leitura

Por fim, os ovos começaram a se abrir: "Piu... piu..." iam dizendo um após o outro. As gemas dos ovos tinham ficado vivas e iam pondo suas cabeças pra fora da casca.

Agora vamos ler outra versão:

"Certa vez, há muito tempo, num terreiro cheio de bichos e de plantas, Dona Pata chocava sua ninhada. Um dia começaram a quebrar os ovos: Créc, Créc! E um a um, os patinhos foram saindo."

Em qual das duas há maior intenção em nos enovelar, em nos envolver simplesmente neste início de história? Em qual das duas há mais possibilidade para a fruição?

Ao ler esses exemplos, você até pode achar que eles são muito disparatados, mas os textos que encontramos muitas vezes têm esse nível de diferença.

Muitas pessoas podem se perguntar se o texto mais rebuscado não seria adequado para as crianças do ensino fundamental, enquanto os mais simples apropriados para as crianças da Educação Infantil. E mais uma vez defendemos a concepção de criança como aquela que é capaz de aprender, que tem o direito de estar em contato com boas propostas, materiais de qualidade, em contato com a cultura, aprendendo com ela e a transformando. Não podemos subestimar as capacidades das crianças, de observação, fruição, compreensão e tantas outras. Quanto mais oferecemos a elas, mais chances lhe daremos para se tornarem leitores competentes.

4. *Qualidade da ilustração e do projeto gráfico.*

Quando pensamos em livros para crianças, muitas vezes pensamos em livros ilustrados com muitas imagens coloridas. Mas qual a função da ilustração nos livros? Antigamente as imagens tinham uma função mais decorativa ou explicativa. Sabemos que já faz tempo que isso mudou e que imagem e texto – juntos – formam a obra livro. Muitos livros são verdadeiras obras-primas! Portanto, não basta apenas mostrá-los às crianças, é preciso incluir no planejamento atividades com o objetivo de aprimorar o olhar.

Fonte: Maurício Sandler Mudrik

As crianças pequenas são muito curiosas e observadoras, na maioria das vezes enxergam o que, para os adultos, passa despercebido. Não podemos deixar que essa percepção aguçada se perca. Ao contrário, precisamos de intencionalidade para o trabalho com as imagens e cada vez mais abrir espaço para observá-las, falar sobre as sensações e sentimentos que elas nos causam, conhecer o trabalho dos ilustradores, compreender seus traçados e suas técnicas.

Podemos um dia, por exemplo, fazer um mar de histórias com livros ilustrados por diferentes desenhistas/artistas, com técnicas variadas: aquarela, giz pastel, nanquim, colagem com papel, colagem com tecido, bordado, massinha, desenho com sombreado, técnicas mistas, em preto e branco, coloridas, em tons de uma mesma cor, com fotografia e tantas e tantas formas que enchem nossos olhos e mentes com beleza e sensibilidade.

> Toda imagem tem uma história para contar. Essa é a natureza narrativa da imagem. Suas figurações e até mesmo formas abstratas abrem espaço para o pensamento elaborar, fabular e fantasiar. (FITTIPALDI, 2008)

> Escrita e imagem são companheiras no ato de contar histórias. (FITTIPALDI, 2008)

É preciso ter cuidado para não valorizarmos apenas as ilustrações com o mesmo tipo de traçado, desenhos estereotipados e infantilizados. Ao observarmos um desenho diferente, muitas vezes achamos feio ou estranho, mas é que não estamos acostumados a olhar o diferente. O diferente do que estamos habituados a olhar também pode ser belo. E isso precisa ser ensinado por nós. Vamos olhar e aprender a ver de um jeito novo?

Lobo
Fonte: DRUCE, Arden. In: *Bruxa, Bruxa venha a minha festa*. São Paulo: Brinquebook, 1995. p. 27-28.

O projeto gráfico de um livro também pode ser um critério decisivo na hora de selecioná-lo. Há livros belíssimos com dobraduras, papel de ótima qualidade, capa dura, propostas criativas para as molduras das ilustrações, desenhos na numeração das páginas, tipo de letra. Em alguns livros as ilustrações ocupam duas páginas, em outros aparecem como uma iluminura – um tipo de pintura colorida que representava figuras, flores e enfeites nos livros e manuscritos da Idade Média. Algumas ilustrações começam na frente da página e terminam no verso, outras vezes mostram apenas um detalhe ampliado em vez da cena toda. Páginas vazadas com um recorte, um papel transparente, o próprio formato e o tamanho do livro, enfim, os mais variados projetos gráficos.

Há livros para os bebês que são de plástico, apropriados para o banho, outros de tecido ou com gramatura do papel diferenciada, que oferecem maior resistência. Muitos funcionam como brinquedo e também acabam permitindo que os pequeninos aprendam a manuseá-los.

5. *Boas obras adaptadas.*

Hoje em dia temos várias obras consagradas que foram adaptadas para leitores com competências diversas, considerando o tipo de linguagem usado pelo autor no contexto histórico em que se encontrava. A intenção é que os leitores possam ter acesso a tais obras, conhecendo seus enredos, e que, a partir do momento em que tenham mais experiência leitora, possam ler o original. Um exemplo é a leitura de *Odisseia*. Se for oferecida aos pequenos em sua versão original, causará estranheza e desinteresse devido à linguagem rebuscada. Entretanto, em uma adaptação de Ruth Rocha, as crianças mostram grande envolvimento durante a leitura. Mas atenção: há boas adaptações e outras que verdadeiramente modificam o conteúdo da história e a reduzem a uma narrativa empobrecida de detalhes importantes, que acabam ficando sem sentido e muito distantes da beleza da obra original.

Temperos para os tempos de leitura

6. *Selecionar material com textos informativos.*

Enciclopédias, almanaques, revistas, jornais. É fundamental que o professor considere a procedência do material, se ele foi produzido recentemente (as informações mudam constantemente), a qualidade das fotos e outros tipos de imagem, como esquemas e ilustrações e a presença de títulos, subtítulos e legendas, que auxiliam as crianças na localização de informações ao realizarem as pesquisas.

7. *Livros que irão contribuir com o jogo simbólico ou faz de conta – que apresentam histórias que falam*:

- de mar – com submarinos, navios e seus piratas, animais e monstros marinhos;

- de diferentes culturas indígenas e as florestas com sua fauna e flora, além das personagens como saci, curupira, caipora, mula sem cabeça;

- de castelos – com cavaleiros, arqueiros, príncipes e princesas, reis e rainhas;

- de dinossauros e seu *habitat*;

- de fadas, bruxas, duendes, gnomos, magos;

- de desertos, tendas, *sheiks* e camelos;

- de polos, esquimós, iglus, peixes, focas, baleias;

- de deuses e semideuses com seus dons;

Enfim, inúmeros cenários, enredos e personagens reais ou não, abordando culturas, meios de vida, costumes e situações que, com certeza, alimentarão o repertório das brincadeiras infantis.

8. *Histórias com repetições.*

Além das histórias que abordam os assuntos relacionados ao cotidiano das crianças bem pequenas e de seu carinho especial pelos animais, outras histórias que fazem muito sucesso para essa faixa etária são as que apresentam repetições de cenas, frases, versos, pequenas canções e também as histórias acumulativas (que repetem o mesmo fato, apenas vão aumentando a quantidade de personagens). Temos aqui dois exemplos:

- *Os três porquinhos* – A cena do lobo soprando para derrubar uma casa aparece mais de uma vez, além da frase: "Vou inspirar, vou soprar e sua casa derrubar!" Fácil de memorizar, de repetir, e que cria grande expectativa.

- *O Caso do bolinho*, de Tatiana Belinky – O Bolinho canta a mesma canção a cada encontro com um novo personagem: o vô, a vó, a lebre, o lobo e a raposa:

> Eu sou um bolinho,
> Redondo e fofinho,
> De creme recheado,
> Na manteiga assado.
> Deixaram-me esfriando,
> Mas eu fugi rolando!
> O vô não me pegou,
> A vó não me pegou,
> A lebre não me pegou,
> Nem você lobo bobo vai me pegar!

O que foi citado acima pode ser observado em histórias como: *A Casa Sonolenta*; *Cachinhos Dourados*; *O Sapo Bocarrão*; *Bruxa-Bruxa, venha a minha festa*; *Os três bodes da montanha* etc.

Para ampliar o acervo

- Faça cadastramento em editoras e solicite livros para apreciação;

- compre os livros diretamente das editoras e solicite desconto;

- promova festas e outros eventos para gerar verba para a compra de novos livros e recursos;

- promova feiras do livro;

- organize feira de troca de livros;

- tombe e classifique livros, CDs e DVDs produzidos pelas crianças;

- organize campanhas de doação de livros (com indicação de títulos) e gibis;

- adquira livros, gibis e revistas em sebos;

- monte uma hemeroteca;

- adquira e organize materiais como mapas, globos, guias turísticos, vídeos que falem sobre animais, plantas, corpo humano e outros assuntos interessantes;

- faça assinatura de jornais e/ou revistas;

- solicite doações de filmes;

- solicite publicações a órgãos públicos e particulares – muitos deles realizam publicações de livros, catálogos, DVDs, que podem ser distribuídos gratuitamente, mas para isso é preciso preparar uma carta-ofício.

Cisele Ortiz, formadora e coordenadora de projetos do Instituto *Avisa Lá*, em palestra sobre Leitura na Educação Infantil proferida em Mucuri – BA/2006. ■

Espaços para ler

A organização dos espaços para as atividades das crianças é um tema que precisa ser tratado com cuidado e conhecimento. A forma como são organizados os espaços pode oferecer muitas pistas de como a atividade acontecerá, como a criança deve se comportar e qual será a sua participação.

As crianças constroem conhecimento por meio das interações. Ao organizarmos os ambientes temos de pensar não apenas nos espaços físicos, mas também nas interações que eles promovem com os materiais e outras crianças, e professor. O que se pretende é que promovam às crianças interações, segurança e autonomia.

> As crianças possuem uma natureza singular, que as caracteriza como seres que sentem e pensam o mundo de um jeito muito próprio. Nas interações que estabelecem desde cedo com as pessoas que lhe são próximas e com o meio que as circunda, as crianças revelam seu esforço para compreender o mundo em que vivem, as relações contraditórias que presenciam e, por meio das brincadeiras, explicitam as condições de vida a que estão submetidas e seus anseios e desejos. No processo de construção de conhecimento, as crianças se utilizam das mais diferentes linguagens e exercem a capacidade que possuem de terem ideias e hipóteses originais sobre aquilo que buscam desvendar. Nessa perspectiva as crianças constroem o conhecimento a partir das interações que estabelecem com as outras pessoas e com o meio em que vivem. O conhecimento não se constitui em cópia da realidade, mas sim, fruto de um imenso trabalho de criação, significação e ressignificação. (RCNEI, 1998)

Precisamos planejar tempos e espaços que permitam o desenvolvimento da autonomia, da troca entre os pares, da garantia da escolha, da atenção, do movimento e da valorização dos conhecimentos prévios. As boas situações de aprendizagem são aquelas que são preparadas antecipadamente, levando em conta as condições das crianças, sem subestimar suas capacidades, que garantam o acesso aos conhecimentos mais amplos da realidade social e cultural.

O canto da sala, a área externa, debaixo de uma árvore, a biblioteca podem ser ótimos espaços para a leitura. Vamos conhecer um pouco mais alguns deles.

O canto de leitura na sala

Fonte: Arquivo pessoal da autora

Desde pequenas as crianças precisam ser incentivadas à leitura e colocadas em contato com ela. Um canto de leitura na sala de aula pode ser garantido, mesmo que o espaço não seja muito grande.

Podemos colocar alguns livros em uma estante baixa, ou em alguns caixotes de madeira virados com a parte aberta para frente, em cestos ou algum outro suporte que permita o fácil acesso aos livros.

Fonte: Arquivo pessoal da autora

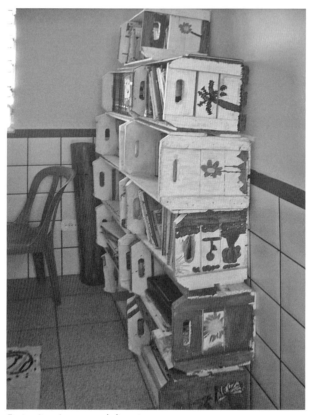
Fonte: Arquivo pessoal da autora

Fonte: Arquivo pessoal da autora

A necessidade de acessibilidade aos livros parece óbvia, mas na prática nem sempre acontece. Os livros precisam ser lidos, manuseados, folheados, apreciados, observados! Para que isso aconteça, o acervo destinado às crianças não pode ficar trancado dentro dos armários ou guardado em estantes altas. Ele precisa ser colocado perto das crianças, ao alcance delas, para que possam buscá-lo com facilidade e autonomia.

O espaço deve ter regras de uso muito claras do tipo: guardar o livro que retirou da prateleira, arrumar as almofadas do jeito que estavam, entre outras. Mas a criança não precisa depender completamente do adulto para utilizar o canto da leitura e acessar os materiais. Se quisermos educar crianças responsáveis, comprometidas e autônomas, temos de aproveitar as situações que a própria convivência escolar nos oferece.

Esse pequeno acervo de livros precisa ser trocado com regularidade para garantir a renovação dos títulos, talvez a cada quinzena ou até mesmo mensalmente, dependendo do fluxo de livros lidos pelo grupo.

Há alguns professores que infelizmente não podem deixar os livros expostos porque dividem a sala com outros grupos. Uma saída é guardar tudo em caixas e, a cada dia, reorganizar o canto da leitura, muitas vezes contando com a ajuda dos próprios alunos.

Fonte: Arquivo pessoal da autora

Fonte: Arquivo pessoal da autora

Se houver espaço, um tapete (ou algo parecido) com algumas almofadas pode-se deixar o canto da leitura ainda mais aconchegante. Não é preciso ter almofadas para todos, o importante é que elas possam ser partilhadas nos momentos em que o canto for utilizado. O tapete e as almofadas devem ser feitos com material facilmente lavável, pois precisam ser lavados, limpos e higienizados frequentemente.

Fonte: Arquivo pessoal da autora

Sugestões para este uso são: tapete de borracha (EVA) ou de tecido, um tapete de papelão pintado, colado com desenhos das crianças e plastificado ou mesmo algumas esteiras.

Para expor os livros, podemos pendurá-los em varal, colocá-los em pequenas estantes com as capas viradas para frente, ou em suportes do tipo das sapateiras de tecido, mas com a parte da frente transparente para que as capas sejam vistas. Sugerimos que as capas dos livros sejam posicionadas para frente, pois dessa forma chamam muito mais a atenção dos leitores com suas cores, ilustrações interessantes e títulos instigantes, em vez das lombadas, que não têm uma apresentação muito atraente.

Fonte: Arquivo pessoal da autora

Fonte: Arquivo pessoal da autora

No canto da leitura, podemos colocar um mural para anexarmos fotos e breves biografias dos autores, lista de livros lidos e/ou preferidos pela turma, recortes de jornal ou revistas relacionados a algum livro ou gênero estudado, comentários feitos pela turma sobre as leituras realizadas, ou por alunos de outras turmas, dos pais, professores e outros funcionários.

Para incrementarmos ainda mais esse espaço, é possível colocar ganchos nas paredes, garantindo a amarração de tecidos para improvisar tendas, esticar barbantes para pendurar móbiles feitos com fotos de autores, desenhos das crianças sobre os personagens que os encantam etc. Pequenas caixinhas encapadas com tecidos coloridos e contendo adivinhas, parlendas e trava-línguas também são boas opções para deixar o canto ainda mais acolhedor.

O importante é garantir um momento na rotina para que as crianças possam ir ao canto de leitura, olhar os livros, escolher aquele que será lido ou aquele que levará para casa. Para isso, o acervo precisa ser diversificado: poesia, contos, histórias contemporâneas, livros de curiosidades, de ciências, de artes, encartes de jornal, passatempos. Dicionários, revistas e gibis podem ser uma boa pedida. Nem todo mundo gosta de ler a mesma coisa. As crianças têm o direito de escolha.

Sala de Leitura ou biblioteca

Quando uma instituição possui uma sala de leitura ou biblioteca, ela pode se considerar privilegiada, se levarmos em conta que estes espaços são importantíssimos para a contribuição do fluxo de conhecimento dentro do universo educativo.

Estes espaços podem ser comparados com o "coração" de uma instituição educativa, se pensarmos que na sala de leitura ou biblioteca estão livros e recursos para promover conhecimento sobre as mais diversas áreas. Se a olharmos como um local dinâmico, onde podemos conversar sobre o que foi lido, indicar leituras, apresentar novos e antigos escritores, pesquisar, ouvir leituras em voz alta, declamações e histórias, divulgar as manifestações culturais da região, ela se torna um organismo vivo, que pulsa dentro da escola. É com este olhar que a sala de leitura ou biblioteca cumprirá o seu papel.

Assim, temos de pensar como queremos acolher os usuários, quais atividades realizarão no espaço e como queremos trabalhar com a leitura. Os usuários precisam conhecer esses espaços, compreender suas normas de funcionamento e o que oferecem.

Do mesmo modo que os cantos de leitura nas salas de aula, as salas de leitura ou bibliotecas podem ter um canto aconchegante com tapetes, almofadas, esteiras, mas também podem ter poltronas, bancos ou pequenas banquetas, algumas cadeiras e mesas para apoiar os livros, boa iluminação e ventilação, facilidade para acessar o acervo e diversidade de títulos. Esses espaços precisam ser um convite à leitura, um convite para que a pessoa entre e, por algum motivo, queira voltar.

Toda biblioteca precisa organizar e guardar os livros, favorecendo o acesso fácil e rápido. De modo geral, as grandes bibliotecas utilizam códigos universais para essa classificação e ordenação. O acervo das escolas de pequeno porte normalmente não é muito extenso; além disso, queremos que, além dos adultos, as crianças tenham autonomia para encontrar os livros que desejam.

O que precisamos deixar claro aqui é que *todos os livros* de uma instituição pública ou privada, tendo ou não sala de leitura ou biblioteca, precisam ser tombados, pois deste modo se torna possível saber quantos e quais livros a escola tem, além de controlar o acervo.

O processo de tombamento pode parecer trabalhoso, mas é muito necessário. Como já foi dito, por meio dele se registra a quantidade de livros existente na escola e pode-se propor o aumento do acervo diversificando os títulos. O tombamento deve ser realizado de acordo com a entrada dos livros na instituição.

Também se faz assim...

Vejamos alguns exemplos de como isso pode ser feito. Vamos supor que a escola possua 90 livros que ainda não receberam o número de tombo. Serão anotados os 90 títulos em um caderno ou num arquivo de computador, e para cada um deles será dado um número. Assim:

Data de entrada do livro na instituição (data em que o livro receberá o número de tombo)	Título	Autor	Número de tombo	Obs.
20.10.2003	A operação do tio Onofre	Tatiana Belinky	0001	
20.10.2003	Sete histórias para sacudir o esqueleto	Angela Lago	0002	

Temperos para os tempos de leitura

Digamos que a escola comprou dois livros com o mesmo título e depois de um mês ganhou outro igual numa doação. Cada livro receberá um número de tombo diferente:

Data de entrada do livro na instituição (data em que o livro receberá o número de tombo)	Título	Autor	Número de tombo	Obs.
29.10.2003	*Armazém do folclore*	Ricardo Azevedo	0003	
29.10.2003	*Armazém do folclore*	Ricardo Azevedo	0004	
30.10.2003	*Nós*	Eva Furnari	0005	
05.11.2003	*No meio da noite escura tem um pé de maravilha*	Ricardo Azevedo	0006	
19.11.2003	*Almanaque Ruth Rocha*	Ruth Rocha	0007	
27.11.2003	*Armazém do folclore*	Ricardo Azevedo	0008	

Caso o livro seja extraviado ou danificado, é preciso dar baixa no caderno ou arquivo de tombamento:

05.11.2003	*No meio da noite escura tem um pé de maravilha*	Ricardo Azevedo	0006	Livro excluído do acervo em 20.07.2011
19.11.2003	*Almanaque Ruth Rocha*	Ruth Rocha	0007	
27.11.2003	*Armazém do folclore*	Ricardo Azevedo	0008	

O mesmo número registrado na listagem é colocado no verso da capa ou na primeira página, com o carimbo do nome da escola, biblioteca ou sala de leitura. Também deverão ser carimbadas uma página no meio e outra no final do exemplar; deste modo marcamos o livro como recurso pertencente à instituição.

Se a escola possui um local onde são guardados todos os livros e retirados de acordo com as escolhas e necessidades pelos professores, funcionários e/ou crianças, sugerimos que seja feita uma classificação para organizá-los. Como muitas vezes o acervo é bem menor em relação a uma biblioteca pública, a classificação não precisa seguir os códigos universais.

Uma alternativa é a classificação por cores. Deste modo, os livros recebem uma etiqueta na sua lombada e/ou na capa (depende de como serão posicionados nas estantes ou caixotes) de acordo com a classificação.

Recomenda-se que as mesmas cores sejam colocadas nas estantes, nos caixotes e/ou nas prateleiras, e que um quadro seja anexado na parede com as cores e suas respectivas legendas, para que as crianças possam compreender como os livros estão organizados, identificá-los e até mesmo ajudar a colocá-los no lugar.

Fonte: Arquivo pessoal da autora

Temperos para os tempos de leitura   111

Cor	Gênero ou área do conhecimento
Vermelho e amarelo	Poesia
Vermelho e roxo	Contos de fadas, bruxas e duendes
Vermelho e azul	Fábulas
Vermelho e laranja	Contos contemporâneos
Vermelho e marrom	Lendas, mitos e mitologia
Vermelho e verde	Livros de histórias em quadrinhos
Vermelho e rosa	Livro imagem
Vermelho e preto	Biografias
Preto	Coleções
Azul	Artes
Verde	Ciências naturais
Amarelo	Ciências humanas
Branco	Obras de referência – Dicionários, Enciclopédias, Atlas, Catálogos, Almanaques, Mapas. (Não são retirados da biblioteca ou sala de leitura para serem levados para pesquisar em casa).

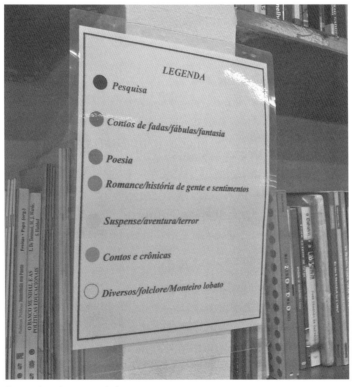

Fonte: Arquivo pessoal da autora

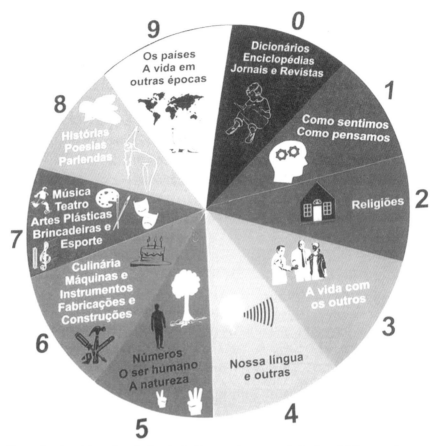

Fonte: Quadro elaborado pela Escola Carlitos, tendo como referência as bibliotecas das escolas públicas francesas.

Os DVDs, CDs e outras mídias também devem ser tombados.

Outra sugestão é colocar uma prateleira, varal ou estante com as novidades do mês ou com os livros mais procurados. Deste modo, podemos comunicar a todos quais os livros que chegaram e quais têm feito mais sucesso para os leitores, de um modo geral.

Outra forma de divulgar o que está sendo lido e ao mesmo tempo utilizar a leitura e a escrita em práticas sociais é fazer um mural com sugestões de leitura produzidas por crianças, turmas, funcionários e comunidade. Nesse mural podemos colocar também a programação cultural da região e a grade com horário de funcionamento da sala de leitura/biblioteca.

Temperos para os tempos de leitura

Esse espaço pode ainda ser responsável por uma programação que ofereça encontros com contadores de histórias, saraus, feiras literárias, rodas de causos, entrevista com escritores, poetas da região, cordelistas, repentistas e outros.

Para auxiliarmos as crianças a criar o hábito de frequentar a biblioteca ou sala de leitura da escola, podemos montar uma grade de atendimento, garantindo que cada turma realize uma atividade pelo menos uma vez por semana nesses ambientes: pesquisar, ouvir uma leitura em voz alta pelo professor ou pelo profissional responsável, conversar sobre os livros lidos, sobre os autores e gêneros que já conhecem, e principalmente ter acesso aos livros para escolhê-los – para compor o acervo da sala ou levá-los para casa – e outras propostas citadas anteriormente.

Mesmo se a escola não possuir biblioteca ou sala de leitura, poderá realizar muitas das ações sugeridas. Se a escola tiver uma sala pequena e quiser guardar os livros nela para que sejam retirados e levados para as salas, estes princípios e regras para a organização facilitarão o uso do acervo e a manter o local em boas condições.

Materiais e recursos

Os materiais de qualidade têm grande contribuição na organização de espaços instigantes que promovem boas situações de aprendizagem. Nem sempre isso significa que eles precisarão ser comprados, mas em alguns casos necessitarão de investimento material e humano.

Muitos dos materiais e recursos sugeridos aqui podem ser confeccionados pelos professores, com a participação das crianças, das famílias, da comunidade escolar e local. Selecionamos alguns materiais que poderão enriquecer os momentos de leitura e narração oral, mas lembre-se que é preciso planejar as atividades com antecedência para que eles possam realmente contribuir com os ambientes de aprendizagem e não serem apenas objetos de decoração.

a) Baú de histórias

O baú de histórias pode ser utilizado nos momentos em que o professor contar histórias ou pelas crianças. Dentro dele são guardados os objetos que farão parte da narração. Uma simples pena pode ser o pássaro; um lenço, o mar; um pandeiro, a lua; uma caixinha, o tesouro; um leque, uma borboleta... São infinitas as possibilidades de escolha de objetos para representar personagens ou símbolos significativos de uma história.

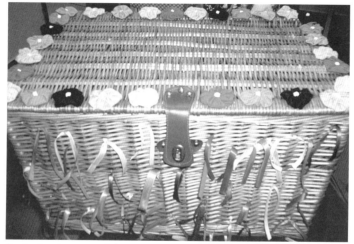

Fonte: Arquivo pessoal da autora

Fonte: Arquivo pessoal da autora

Fonte: Arquivo pessoal da autora

Fonte: Arquivo pessoal da autora

Ele não precisa ser novo, pode ser usado (sabe aquele baú que aparentemente não tem mais valor?), e com um pouco de criatividade e capricho, será transformado em algo que oferecerá encantamento às suas rodas de contação de histórias.

De vime, trançado com palha, de madeira ou até de papelão, não importa – ele poderá ser encapado com papel, tecido, fitas, fuxicos, rendas ou com outras técnicas que você souber. O baú também pode ser substituído por uma caixa ou uma mala antiga que você não usa mais, pequena ou grande, fica a seu critério. Caixas e malas que ganharão broches, botões colados, retalhos, fotos antigas penduradas, bordados, laços, sementes e tantos outros penduricalhos.

Fonte: Arquivo pessoal da autora

Fonte: Arquivo pessoal da autora

Fonte: Arquivo pessoal da autora

Fonte: Arquivo pessoal da autora

Uma sugestão que vale tanto para os baús quanto para as caixas e as malas: se muito enfeitado por fora, faça um forro mais neutro por dentro ou vice-versa. O importante é forrar o baú, a caixa ou a mala que for utilizar. Isso dará um bom acabamento ao material e um efeito mais bonito quando você abri-lo.

b) Teatro de sombras

O teatro de sombras teve origem na Ásia e encanta há séculos com os efeitos que produz. Ele pode ser feito com uma caixa, com um de seus lados aberto e no lado paralelo ao primeiro, se faz um retângulo vazado, coberto com uma folha de papel vegetal ou tecido branco fino (como o TNT).

Fonte: Arquivo pessoal da autora

Temperos para os tempos de leitura

Fonte: Arquivo pessoal da autora

Fonte: Arquivo pessoal da autora

São recortadas várias silhuetas de personagens e também de cenários como casas, castelos, montanhas e riachos. Essas silhuetas podem ter recortes vazados que darão detalhes às imagens projetadas e também podem ganhar pedaços de papel celofane coloridos. Com o auxílio de uma lâmpada ou de uma entrada forte de luz natural por trás das imagens, o teatro de sombras projeta a sombra das figuras recortadas.

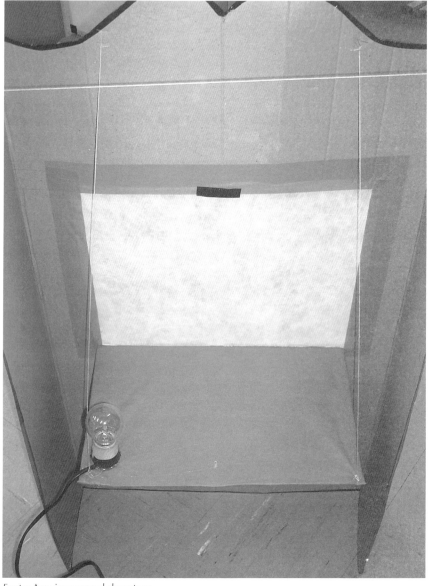

Fonte: Arquivo pessoal da autora

Temperos para os tempos de leitura 121

Fonte: Arquivo pessoal da autora

Outra possibilidade é estender um lençol branco ou TNT e colocar alguns focos de luz atrás. Entre o pano e a luz, as crianças podem fazer pequenas cenas das histórias, enquanto outras assistem.

Para essa proposta é possível usar chapéus, perucas, elementos vazados como rendas, peneiras, rodas de bicicleta, tules etc. O gostoso da brincadeira é ir testando e escolhendo o que dá mais efeito para a história que queremos narrar.

c) Pequenos cenários de papel

Os cenários de papel, por serem confeccionados em tamanho reduzido (aproximadamente meia folha de cartolina ou papel cartão), são utilizados nas narrativas orais para grupos pequenos. Todos precisam ficar bem de frente para o cenário que se abre. Na junção entre a história narrada, a imagem apresentada e os possíveis personagens de papel, cria-se um clima gostoso e uma nova proposta para a narrativa oral.

Fonte: Arquivo pessoal da autora

Fonte: Arquivo pessoal da autora

Temperos para os tempos de leitura

Fonte: Arquivo pessoal da autora

Fonte: Arquivo pessoal da autora

Fonte: Arquivo pessoal da autora

As crianças também podem criar seus próprios cenários para contar passagens de sua vida (uma festa de aniversário, o passeio pela praça, um banho de cachoeira, a pescaria do pai, o dia do casamento da tia...) ou histórias que eles escolherem para contar.

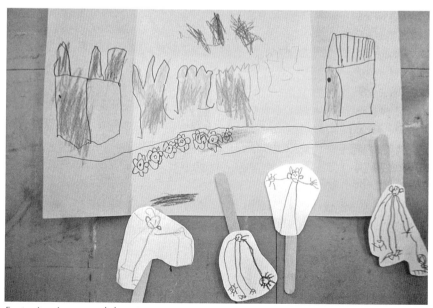

Fonte: Arquivo pessoal da autora

Fonte: Arquivo pessoal da autora

d) Fantoches e dedoches

Os fantoches são aqueles bonecos, normalmente feitos com uma parte de tecido, abertos embaixo e nos quais introduzimos a mão para manipulá-los (como uma luva). Os dedoches são minifantoches manipulados com os dedos. Eles podem ser usados num teatro de fantoches ou podem ser usados durante a narrativa oral, pela própria pessoa que estiver narrando. A pessoa conta e quando aparece um ou outro personagem, ela manipula os fantoches ou dedoches sem precisar se esconder das crianças. Eles podem ficar guardados em um cesto, caixa ou baú na sala de aula ou numa sala comum a todas as turmas.

Fonte: Arquivo pessoal da autora

e) Expositor de livros

Existem diferentes maneiras de expor os livros: em expositores de tecido e plástico transparente, estantes de metal, prateleiras estreitas, varal com prendedores, em caixas, numa pequena bancada etc. O expositor de tecido pode ser um recurso bem prático, quando afixado na parede, perto do canto da leitura, de preferência. Como a parte da frente de cada bolso é feita com plástico transparente, as capas dos livros ficam à mostra. Assim como as estantes, eles devem ser pendurados na altura das crianças para que elas possam escolher, retirar e guardar os exemplares.

Temperos para os tempos de leitura

Fonte: Arquivo pessoal da autora

Fonte: Arquivo pessoal da autora

f) Carrinho de livros

Facilita o transporte de livros pela escola. Ele é levado de sala em sala para que as crianças façam suas escolhas e depois realizem a leitura em sala ou levem o livro para casa. Neste último caso, é preciso que a professora anote em um caderno qual livro foi retirado e deverá ser devolvido. Há lindos carrinhos de madeira feitos por pessoas das comunidades. É possível tentar a doação de um carrinho de supermercado, ele cumprirá a mesma função, talvez precise apenas de uma reforma para ganhar uma pintura diferente, com bolsos de tecido pendurados na parte externa, para atrair mais os usuários.

Fonte: Arquivo pessoal da autora

Fonte: Arquivo pessoal da autora

g) Caixinhas ou cadernos com versinhos, parlendas, quadrinhas, adivinhas e trava-línguas

Sabemos que existem muitos livros, CDs e DVDs com cantigas, parlendas, adivinhas e trava-línguas. Elas fazem parte do nosso legado cultural e são importantíssimas no processo de aquisição da linguagem. Por serem de fácil memorização são cantadas e transmitidas de uma geração para outra, muito utilizadas com os pequenos para niná-los, diverti-los e entretê-los. Os bebês as repetem num exercício de oralidade, de prazer pela sonoridade e ludicidade. Os maiores trazem algumas já guardadas na memória e com o tempo, vão ampliando seu repertório (dependendo do que a família, a escola e outros ambientes lhe oferecerem). Para deixar o cantinho da leitura ainda mais atraente, caixinhas ou cadernos coloridos, com pequenos cartões com versinhos, quadrinhas e os outros textos já citados, podem ser uma boa pedida.

Esses textos podem ser solicitados às famílias em uma pesquisa e as crianças maiores podem ajudar a escrevê-los. A professora lê para a turma o que está escrito nos cartões, as crianças leem em voz alta ou cada um lê quando for ao canto de leitura. Nosso país, formado por tão grande diversidade cultural tem tantas dessas cantigas e brincadeiras orais, divertidas, belas, que se transformam com o tempo e o lugar. Mas, em muitos locais, ainda precisam ser redescobertas, valorizadas como um tesouro que merece ser herdado por nossas crianças.

Fonte: Arquivo pessoal da autora

Fonte: Arquivo pessoal da autora

h) Mural de sala

Esse mural pode ficar próximo ao canto da leitura. Nele é possível colocar uma lista com as histórias, personagens ou autores preferidos da turma, parlendas, poesias, recorte de jornal ou revista que fale sobre um gênero, assunto ou livro de interesse do grupo, comentários escritos individualmente, em pequenos grupos ou no coletivo sobre os livros lidos. Os comentários ou indicações literárias também podem ser escritos por outros professores, funcionários da escola e pais das crianças.

O mural também pode ser utilizado quando o grupo estiver estudando um autor. Ao longo dessa pesquisa e da leitura das suas obras, as crianças também vão descobrindo episódios interessantes da vida do autor – onde nasceu, o que estudou, se é casado ou não, se teve filhos, se ainda está vivo, se já faleceu, qual o motivo de sua morte, curiosidades da infância e juventude – que podem ser retomados e ditados pelas crianças à professora que atua como escriba do grupo. A sugestão é que sejam colocadas fotos dos autores no mural com uma identificação. Essas imagens podem ser conseguidas na internet ou, às vezes, no próprio livro há uma foto do autor; é possível tirar uma cópia (mesmo que em preto e branco) para que as crianças façam relações do nome com a imagem da pessoa e se familiarizem com eles.

Mural da Escola Projeto Vida sobre a escritora Tatiana Belinky
Fonte: Arquivo pessoal da autora

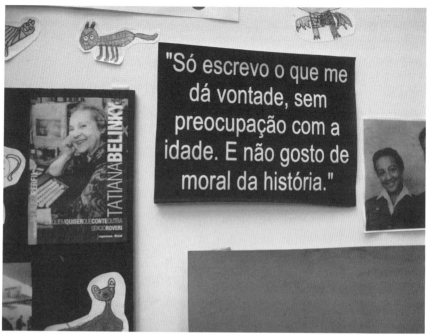

Fonte: Arquivo pessoal da autora

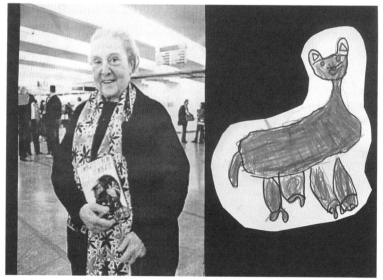

Fonte: Arquivo pessoal da autora

i) Cartazes com poesias, parlendas e cantigas

A ideia é ampliar o universo cultural, mas também promover momentos de leitura, no qual, após observarem o professor, a criança poderá ir até o cartaz e já sabendo de cor o que será lido, tenta ajustar o que está falando com o que está escrito.

Fonte: Arquivo pessoal da autora

j) Biombos

Os biombos delimitam pequenos espaços dentro da própria sala de aula, em um salão ou mesmo nas áreas externas. Eles podem ajudar a criar ambientes para a leitura a ser realizada pelas próprias crianças, para a leitura pelo professor ou narração oral das histórias. Neste último caso, servirá como um pano de fundo. Sugerimos biombos feitos com caixas de papelão, que podem ser dobrados como uma sanfona, facilmente guardados atrás de algum armário e retirados quando necessário. Ao receberem pintura ou colagem de papel podem ganhar desenhos abstratos, cores, imagens e até mesmo espaços para pequenos cartazes com frases ou poesias.

Mural da Escola Projeto Vida sobre a escritora Tatiana Belinky
Fonte: Arquivo pessoal da autora

Mural da Escola Projeto Vida sobre a escritora Tatiana Belinky
Fonte: Arquivo pessoal da autora

k) Hemeroteca

A hemeroteca é um recurso a ser organizado e usado por toda a escola e não apenas uma sala. Nela são guardados matérias de jornais e revistas, organizados por assunto. Para isso o material precisa ser identificado com o nome da respectiva fonte de onde foi retirado – jornal, revista, *site* – além do nome do autor, data, local e depois colocados em ordem alfabética em um arquivo ou fichário. A cada ano, a escola realiza projetos e atividades que exigem materiais escritos diversificados. Se estiverem fazendo um estudo sobre os animais marinhos, por exemplo, com certeza recolherão textos específicos, imagens e tudo isso pode ser guardado na hemeroteca. Num próximo trabalho sobre o mesmo tema, não será necessário começar do zero, pois já terão alguns materiais arquivados. A proposta é enriquecer cada vez mais a hemeroteca com novos textos e imagens sobre os mais diferentes assuntos que possam contribuir com os temas em projetos e outras atividades.

l) Diário de leitura da turma

O professor pode produzir um diário de leitura da turma com a participação das crianças, é claro! Nele serão anotados todos os títulos lidos durante o ano. Além disso, poderão produzir coletivamente pequenos textos com comentários sobre as leituras realizadas. Pode ser solicitado aos pais que escrevam algo a respeito de uma leitura que fizerem em casa com os filhos. Tudo isso vai sendo anexado no diário. Nele também é possível colar reportagens sobre autores, escrever sobre livros que querem ler, mas ainda não conseguiram etc. Esse diário poderá acompanhar a turma nos anos seguintes.

Fonte: Arquivo pessoal da autora

5 Contar histórias

> Recordo-me sempre dos meus tempos de menino, quando meu bisavô
> me colocava em seu colo para contar as histórias do meu povo. Embora
> entendesse pouco da narrativa, ficava deslumbrado com a imensidade de
> sua voz rouca amaciada pelo tempo. É que parecia que meu velho avô se
> transfigurava ao dizer o indizível (...)
>
> *MUNDURUKU, 1998*

Por que contar histórias?

Antes, muito antes de existir a escrita, os livros e a escola, já se contavam histórias. O ato de narrar oralmente é uma ação dos tempos mais remotos, que aconteceu em diferentes culturas, lugares e épocas. Ainda hoje narramos ao contarmos um fato que nos aconteceu no dia, um sonho, uma piada, uma história de família, um episódio triste, um momento de realização e alegria, a descrição de uma conquista... Trata-se do momento em que duas ou mais pessoas se reúnem para contar algo por meio de palavras, gestos, ritmos, expressões, olhares e silêncios.

A narração oral não é um ato individual. Não é algo que se faz sozinho. E aí temos uma primeira resposta para a nossa pergunta. Narrar oralmente é uma ação que acontece quando se quer partilhar algo com alguém. "Vou te contar uma história", "Escuta essa", "Você não vai acreditar no que aconteceu comigo", "Essa é boa, lá vai", "Certa vez", "Quando eu era criança", "Na época da minha avó", "De onde meus pais vieram", "Há muito tempo", "Você sabe da última?", "Era uma vez..." são frases muito conhecidas por nós. Em todas essas situações há a necessidade da presença de alguém que conta e de alguém que ouve a história.

> (...) a atividade de contar histórias constitui-se numa experiência de relacionamento humano que tem uma qualidade única, insubstituível. (MACHADO, 2004)

Fonte: Rita de Cássia Liberali

Talvez seja por isso que não só as crianças, mas os próprios adultos pedem para ouvir histórias e, muitas vezes, as mesmas. Quando nos reunimos nos encontros de família, sempre surgem aqueles momentos que alguém relembra algo que aconteceu ou quer contar aquela mesma piada, aquele mesmo causo. Pedimos e ouvimos a história já conhecida. Divertimos-nos ou nos emocionamos novamente com ela e ainda mais porque podemos antecipá-la. Observamos quem está em volta de nós se divertindo ou se emocionando junto conosco. Aquela história nos pertence ou pertencemos a ela. E isso tudo está ligado ao lúdico, à tradição e ao afeto – uma segunda resposta para nossa pergunta inicial.

É assim que acontece com a criança. Tem suas histórias preferidas e pede: "Conte aquela história da bruxa!" "Conte de novo como foi o dia em que eu nasci!" E pensamos: "Mas de novo?" Sim! Porque de novo poderemos ficar juntos, nos divertir, nos emocionar, sentir medo. E talvez possamos dar muitas risadas ou sintamos um frio na barriga. Talvez escutemos barulhos dos seres assustadores ou simplesmente um silêncio enorme cairá sobre nós. Porque de novo vou ouvir sua voz, observar seus gestos e expressões e olhar nos seus olhos. De novo viajaremos juntos por cenários conhecidos ou novos. De novo ficaremos perto, num momento de intimidade e de cumplicidade. Vamos, conte-nos novamente uma história e nos leve daqui, para o passado, para o futuro, para o mundo imaginário onde tudo pode acontecer.

> Em plena virada do milênio, quando o professor se senta no meio de um círculo de alunos e narra uma história, na verdade cumpre um desígnio ancestral. Nesse momento, ocupa o lugar do xamã, do bardo celta, do cigano, do mestre oriental, daquele que detém a sabedoria. Nesse momento ele exerce a arte da memória. (PRIETO, 1999, p. 41)

Abre a roda tindolelê – Orientações para contar histórias

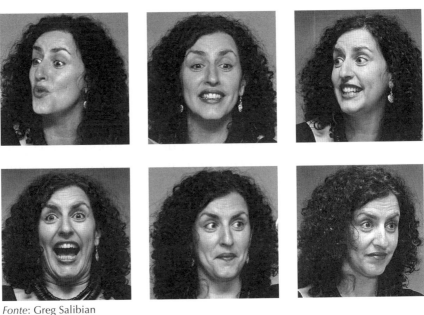

Fonte: Greg Salibian

Quando vamos contar histórias temos que nos perguntar para que queremos narrar. Para divertir, para acolher, para ampliar o repertório de histórias, para homenagear etc. Para quem? Para amigos, para crianças, para alunos, para pais... Em quais situações? Num encontro informal, num orfanato, na sala de aula, num evento cultural? Isso nos ajudará a definir o modo de nos preparar para *como* iremos contar essas histórias.

Para contarmos uma história selecionamos o texto de acordo com o público que irá ouvi-la e com a ocasião em que será contada. As boas histórias costumam atender a diferentes faixas etárias, mas, como já tratamos aqui, podemos escolhê-las de acordo com as características e preferências de um grupo. Portanto devemos pensar se na escola: a história será contada para crianças de uma mesma turma? Para crianças de grupos diferentes reunidas em uma festividade? Em uma reunião para um grupo de pais ou de professores?

Escolhido o texto, temos de ler mais de uma vez para:

a) Compreender o sentido que ele tem – seu enredo, sua trama, seus conflitos, enfim, o que ele nos conta, qual a intencionalidade do texto – divertir, encantar, emocionar, encorajar, fazer refletir?

b) Estudarmos a sua estrutura – quais as partes encadeadas que formam o todo, suas frases importantes, versos, palavras que deixam o texto mais bonito e que não queremos alterar. Alguns contadores de histórias decoram o texto tal qual ele foi escrito, esta é uma proposta de trabalho, belíssima por sinal, que nos coloca em contato com o texto como foi produzido e valoriza o ofício dos escritores. Mas não é preciso decorar o texto para narrá-lo. É importante memorizá-lo para contar com fluência e desenvoltura, como se ele fosse nosso. Contamos do nosso jeito, com nossas palavras, mas podemos manter em nossa narração algumas que considerarmos bonitas, impactantes, fundamentais. No livro *Outras novas histórias antigas*, de Rosane Pamplona, há um conto intitulado *O príncipe que ninguém queria* que tem uma frase que aparece três vezes na história:

Moça de rosto de flor

Quem te apressa assim é o amor?

Essa frase tem relevância na história. Somente após a terceira vez o conflito se resolve. Mas, além disso, a frase é bela, tem rima, enriquece a história e, portanto, merece ser decorada e mantida durante a narrativa.

c) As personagens – suas características físicas, de personalidade, voz, postura, possíveis jeitos e trejeitos, suas funções dentro da história. Não há necessidade de fazer uma voz para cada personagem, ou criar uma postura para cada um deles. Não estamos encenando uma peça teatral. O narrador é aquele que conta os fatos, as ações, faz descrições e às vezes diz falas dos personagens usando o discurso direto. Quando isso acontecer, se quiser, é possível usar como recurso uma voz diferente para um dos personagens, ou uma postura, um gesto etc.

d) Cenários onde a narrativa acontece – conhecer os cenários que aparecem na história possibilita visualizá-los enquanto se narra. Vejamos:

> Ivan chegou a uma praia de areias brancas, o céu estava limpo, o sol brilhava alto e uma gaivota pairava no ar.

Essa parte da narrativa nos mostra como é o lugar onde aquele momento da história acontece. Se conseguirmos visualizar mentalmente o que estamos contando, conseguiremos descrever o lugar com mais verdade aos nossos ouvintes, e isso trará mais verdade à narrativa também.

e) Entonações, pausa e ritmo – Os momentos que possibilitam mudanças de entonação e ritmo ou até mesmo uma pausa, que são fundamentais numa narrativa oral. Cada história tem momentos diferentes, que pedem para ser contados com entonações e ritmos diferentes. Por exemplo, uma parte da história é mais cheia de suspense, em outros momentos é mais romântica, em outras, mais engraçada. Vamos ler um pequeno trecho do livro *Leo e Albertina*, pgs. 26 e 27 de Christine Davenier:

> Leo pulou na lama e os dois amigos rodopiaram, saltaram, deram cambalhotas e mergulharam. Riram tanto que Leo até esqueceu sua tristeza. Sua alegria era contagiante. Logo todos os animais da fazenda estavam brincando na lama.

Se tivermos de contar este pedaço de história, não será com um ritmo lento, de um jeito triste, pacato. Provavelmente será com um ritmo vibrante, animado, entusiasmado que demonstre movimento.

Vamos a outro trecho, desta vez do livro *Volta ao mundo em 52 histórias*, com narrativas recontadas por Neil Philip, no conto *A porta do coração*, pg. 137:

'É estranho...', murmurou Vappu, olhando em torno. 'Há um minuto ele estava aqui, a meu lado, e agora desapareceu...'

'Não está conseguindo me encontrar?', o rapaz perguntou.

'Não... Onde você está?'

'Aqui, em seu coração...'

'Então meu coração lhe pertence', ela declarou.

Severi não precisou ouvir mais nada para sair do esconderijo e abraçá-la. E a partir desse dia os jovens enamorados viveram felizes no castelo de cobre do velho misterioso, às margens do riacho de prata, entre as árvores de frutos dourados.

Neste trecho, quais as entonações, intenções e ritmos que poderiam dar cadência à história? Percebemos três acontecimentos:

1. Vappu procura Severi – suspense, tensão.

2. Severi revela onde está – alegria (pausa rápida), e a declaração de Vappu – surpresa, doçura, romantismo.

3. Desfecho romântico – leveza, romantismo.

Contar histórias

Viu só? As histórias pedem como querem ser contadas. É preciso olhar para as suas paisagens, como diz Regina Machado:

> Mas passear pela paisagem do conto é conversar com cada uma de suas partes, observando que nelas há uma riqueza de adjetivos, cores e objetos; um conjunto de palavras que descrevem um ambiente e 'transpiram' um determinado clima. (MACHADO, 2001)

> Se nos deixamos tocar por cada um desses diferentes climas podemos entoar a cadência da história, respirando com ela. O ritmo da sequência narrativa é um tesouro escondido na paisagem de um conto. (MACHADO, 2001)

f) Objetos – Se quiser, é possível utilizar alguns objetos durante a narrativa. Há contadores de histórias que não usam ou não gostam de usar objeto algum. Se você não se sentir à vontade ao manuseá-los é melhor não usar, isso ficará artificial e pouco convincente em sua apresentação. Se optar por utilizá-los, a sugestão é que sejam poucos e que possam dar "asas à imaginação" dos ouvintes. Por exemplo, se for contar uma história de um pássaro podemos utilizar uma pena ou um lenço para representá-lo. A intenção não é oferecer a imagem pronta, mas apenas uma sugestão para que cada um imagine o seu pássaro.

Os objetos podem ficar expostos ou guardados em um baú, caixa, cesto, carrinho de feira enfeitado (ou outra ideia que tiver), e serem retirados à medida que aparecerem na história.

Fonte: Carolina Andrade

Fonte: Carolina Andrade

Fonte: Carolina Andrade

g) Escolha do espaço – Temos de escolher um local calmo, bem arejado, sem muita interferência de barulhos externos. Se forem poucos ouvintes, podemos sentar em roda, todos juntos, narrador e público. Se o número de participantes for muito grande, podem sentar todos próximos ao narrador, em cadeiras ou no chão, e para que todos o enxerguem melhor, o narrador pode ficar em pé.

Podemos contar numa sala, numa área externa ou em um salão. É preciso garantir que todos escutem a história; por isso, se a narrativa for contada num evento com muitas pessoas, providencie um microfone.

Não precisamos de cenário nenhum para contar uma história, mas, se quiser, arrume um tecido estendido sobre o chão ou sobre uma mesa, ou ainda esticado na parede, um pequeno vaso com flores, ou uma vela acesa, um cesto, um baú de onde se retiram os objetos para narrar... Prepare o local com recursos simples e que possam oferecer um efeito bonito. Uma rede pendurada, uma esteira, um biombo feito com materiais da região podem enriquecer o espaço e ajudar a demarcá-lo.

h) Como iniciar a história – Pode ser com um sino tocando, uma música que todos cantem juntos, uma ciranda, uma parlenda, um verso. Não é preciso entoar músicas que especificamente falem sobre histórias, muito menos que peçam para as crianças ficarem quietas. A atenção vem com a escolha e arrumação do ambiente, da apresentação da história, do momento em si.

Fonte: Greg Salibian

Criança contando história com objeto
Fonte: Arquivo pessoal da autora

Contar histórias 147

i) Para encerrar a história – um som que ecoa, um olhar junto com um silêncio, uma cantiga, um poema ou um verso. Há vários livros dos folcloristas brasileiros que apresentam versinhos nos finais das histórias, vale a pena fazer uma pesquisa ou criar alguns. "Entrou pela porta, fechou a janela, quem sabe outra história não fica banguela."

j) Não é preciso fantasiar-se para contar uma história. Se a narrativa for realizada num evento, numa festividade, podemos colocar uma roupa bonita, um chapéu, uma flor no cabelo, um colete colorido, mas não há a necessidade de assumirmos uma personagem como de D. Benta ou Sherazade. Relembrando: contar uma história é diferente de encená-la!

Ler é diferente de contar

A leitura é uma atividade permanente na Educação Infantil – é preciso ler todos os dias. A narração oral também é uma atividade permanente na escola. Podemos contar histórias três vezes por semana, por exemplo. Podemos propor um projeto envolvendo a contação de histórias visando ao trabalho com a oralidade, cujo produto final será uma tarde de contos ou a gravação de um CD com as narrativas preferidas das crianças, contadas por elas mesmas.

Já reconhecemos a importância das histórias na vida das pessoas e, num foco mais direcionado, na educação das crianças pequenas. Mas devemos ler ou contar histórias para os pequenos? E a resposta é: temos de garantir a leitura e a narração de histórias, lembrando que ler e contar são ações diferentes e isso precisa ser explicitado para as crianças: "Agora vou *ler* esta história para vocês. Como estamos estudando as diferentes culturas dos povos africanos, trouxe um livro com um conto angolano. Encontrei este livro na biblioteca. Na história aparece um menino, que tem, mais ou menos, a idade de vocês". Em seguida o professor *lê* a história, *exatamente* como está escrita no livro.

Outra possibilidade é contar a história. O professor diz que encontrou a história em determinado livro, a mostra e o coloca à disposição para as crianças olharem após a narração e explica que estudou a história para contá-la. Em seguida *narra* a história *com suas palavras*, utilizando gestos e expressões faciais e corporais.

E o que as crianças aprendem nessas duas situações?

Quando lemos, aprendem que o que o professor está falando não está saindo da cabeça, da memória ou invenção dele, mas está registrado, que não mudamos o que está escrito. Aquelas marquinhas no papel querem dizer alguma coisa e existe um jeito de se fazer isso, ou seja, os elementos que compõem o texto (letras, palavras, signos linguísticos) e sua utilidade. Aprendem para que serve ler, qual o uso da escrita e da leitura na vida cotidiana, as relações entre texto e ilustração, as diferentes formas de leitura: em voz alta, compartilhada, para si mesmo, para outro. Na nossa cultura, aprendem que manuseamos o livro folheando as páginas da direita para a esquerda e não ao contrário. Que lemos de cima pra baixo, da esquerda pra direita. Todos estes detalhes são observados pelos pequenos.

Quando lemos histórias para as crianças elas entram em contato com o conteúdo abordado e também com a linguagem escrita e suas características – a ação dos escritores. Essa atividade tem uma grande importância para o futuro desenvolvimento da competência leitora e escritora, pois além de o professor colocá-los em contato com textos escritos, oferece um modelo de como se lê. Portanto ela aprende comportamentos de um leitor que faz comentários durante a leitura para depois retomá-la; compara o estilo do autor com outros, indica a leitura para as pessoas, compartilha o que lê, diverte-se, emociona-se, desfruta da leitura, descobre, aprende, antecipa acontecimentos, retoma partes que mais chamam sua atenção, relaciona a leitura com sua vida, com o que já viveu e se pergunta sobre passagens desconhecidas. Além disso, a criança amplia seu repertório de palavras e expressões, e compreende que as imagens, juntamente com o texto, também contam a história.

Quando contamos histórias, permitimos que as crianças observem especificidades da linguagem oral, que compreendam a postura do narrador de histórias – a ação dos narradores. Elas observam que, quando o professor narra oralmente, ele gesticu-

Contar histórias

la, muda de voz, faz expressões diferentes com o rosto, olha nos olhos, improvisa, muda parte da história (retira ou acrescenta algo, dependendo do dia, do público, de como ele mesmo está, do tempo que tem para contar), aproveita do que fica subentendido e implícito pela própria expressividade.

Com a narrativa oral aguçamos a curiosidade da criança para que ela pegue o livro (do qual a história foi retirada) para reencontrá-la num momento individual e perceba as diferenças entre a oralidade e a escrita. Ao narrar oralmente, trabalhamos com a memória e com o coletivo.

Vejamos as características que diferenciam a narração oral e o texto escrito:

Narração oral	Texto escrito
A comunicação é imediata e simultânea – acesso apenas no momento de sua produção; efêmero.	A comunicação não apresenta vínculo de espaço e tempo entre o momento de sua produção e da leitura – acesso atemporal; permanente.
Informação implícita; informação não verbal: gesto, entonação, expressividade – subentendidos e improvisação.	Necessidade de explicar toda a informação necessária; maior grau de elaboração.
Em cada versão, o texto pode passar por mudanças.	O escrito permanece fixo e perdura no tempo.

E o que ler em voz alta e contar podem ter em comum?

- a expressividade de quem lê ou conta – mudanças de ritmos, de tons e até mesmo de voz;

- a presença das histórias, seus cenários e personagens encantadores e suas tramas maravilhosas;

- alguém conta ou lê e os outros ouvem – ler para o outro deixa de ser uma ação individual e passa a ser coletiva;

- Ambos podem incentivar a leitura – apresentando escritores e títulos;

- promovem reflexão e permitem interpretações próprias.

Portanto ler e contar são situações diferentes que permitem a entrada das histórias no universo das crianças e que lhes possibilitam muitas aprendizagens.

As crianças pensam e fazem assim...

Cecília, no auge de seus três ou quatro anos, pegou na biblioteca da escola o livro *A colcha de retalhos* de Nye Ribeiro da Silva e Conceil Correa da Silva, Editora do Brasil, São Paulo, 1995.

Como ainda não sabia ler convencionalmente, sentou ao meu lado e pediu: "Mamãe, lê esta história pra mim?" Fiquei contente com o convite e deixei que se acomodasse ao meu lado, no sofá.

Bati os olhos no título: *A colcha de retalhos* e disse a ela: "Como este desenho é colorido! Adoro colchas de retalho. Minha avó, sua bisa, sabia fazer colchas de retalhos".

Abri o livro e iniciei aquela deliciosa leitura. O livro falava de lembranças. É a história de uma avó que faz colchas de retalhos com sobras de tecidos das roupas que costura para as pessoas da família. Com as lembranças narradas pela avó e por sua própria experiência, seu neto Felipe descobre o que significa saudade.

Fiquei emocionada da metade da leitura em diante e no final fechei o livro e chorei. Minha pequena Ceci olhava para mim sem entender por que eu estava chorando: "Você tá chorando por causa da história?" Ela olhava para o livro, depois olhava para mim. Querendo entender o que tinha lá dentro daquela história que tinha deixado sua mãe emocionada a ponto de chorar. Expliquei a ela que eu tinha me lembrado de minha avó e de meu pai, já falecidos, e da saudade que eu sinto deles e que por isso estava chorando. "Às vezes, a gente ri com as histórias, outras vezes elas nos emocionam tanto que nos fazem chorar. Que história bonita!" – conclui. Com essa experiência de leitura, talvez Ceci não tenha entendido o significado da palavra saudade, mas provavelmente tenha começado a compreender o poder da leitura.

6 Dez novas perguntas antigas para sacudir o esqueleto

As dúvidas costumam ser parecidas, acredite. As dúvidas são sempre bem-vindas. Elas nos fazem sair do lugar comum e muitas vezes podem contribuir para uma mudança positiva. A intenção aqui não é a de dizer o que é certo ou errado, mas refletirmos um pouco sobre cada uma delas.

Apurar o olhar como educador é sempre se perguntar por que faço determinada atividade deste jeito e não de outro, o que ficará melhor para as crianças, como ficarão mais confortáveis, mais seguras, como será mais produtivo, como aprenderão mais. Isso deve ajudar a guiar o nosso olhar de professor.

Precisamos nos despir daquilo que sempre fizemos sem nunca ao menos ter parado pra pensar: Mas por que isso é assim, dentro da minha postura, dos meus encaminhamentos, das minhas propostas para as crianças? O bom senso é um grande amigo nesses momentos. Ele, com a sabedoria que vamos adquirindo com a experiência e o aprimoramento (estudos, leituras, cursos, reuniões, palestras, formação continuada), nos dá condições de fazer escolhas cada vez mais maduras e profissionais diante da grande responsabilidade que temos.

Pergunta 1) Devo fazer uma roda ao ler ou contar histórias para as crianças?

Se olharmos para o passado, teremos vários exemplos nas mais diferentes culturas e povos nos quais as pessoas se reuniam em círculo. Isso não é à toa.

Em primeiro lugar, temos de pensar: a roda favorece o quê? Ela possibilita que estejamos todos juntos, próximos e nos olhando. Quando o professor lê em voz alta ou conta uma história é muito bom que possa ter a chance de trocar olhares com as crianças, observar as reações dos ouvintes e permitir que eles se olhem, que façam um breve comentário durante a leitura ou narração.

A roda favorece a conversa e que um olhe para o outro enquanto fala. Ela ajuda a criar um clima de acolhimento e aconchego, pois algo que gostamos muito será partilhado: o momento da história! E poderemos ficar todos bem pertinho, um momento tão especial e só nosso – alunos e professor.

Mas, dependendo do livro, às vezes o melhor é organizar as crianças de outro modo, ou porque será contada uma história com cenário de papel, com teatro de sombras ou mesmo com um livro com muitas imagens que serão observadas para que a história ganhe sentido.

Pergunta 2) Temos de sentar no chão para fazermos uma roda de leitura?

O gostoso de sentar no chão é que ficamos próximos e ainda com a possibilidade de deitar (de bruços ou de costas), caso alguém prefira ouvir a história assim. E a proposta é que o professor sente também, para fazer parte do grupo. Se o professor senta na cadeira e as crianças no chão, os pequenos precisam erguer a cabeça e o pescoço durante a leitura, na apreciação das imagens da história ou ao longo de toda a narração oral, e isso pode ser cansativo e gerar incômodo.

Todos sentados em roda nas cadeiras pode ser uma saída, mas com certeza não dará a mesma sensação de acolhimento. Quando uma das crianças faz reconto de uma história com o auxílio do livro, sentada em uma cadeira, isso fica ainda mais evidente. Em alguns casos, seus pés nem chegam a tocar o chão e, além de se manter equilibrada, ela tem de contar a história e segurar o livro. Desse jeito fica mais difícil.

Nossos corpos se posicionam em planos diferentes, de acordo com as situações do cotidiano. Cada situação pede uma postura corporal mais adequada. E o corpo age e reage frente a isso. É em pé que as pessoas argumentam, defendem, passam ensinamentos ou conversam informalmente. Sentados é que estudam, resolvem questões mais formais (ou que exigem atenção), aguardam. Deitados ou sentados no chão, segredam, trocam confissões, relaxam, falam de sonhos e do que é mais íntimo. A ideia é que todos possam relaxar para abrir espaço para a história chegar e envolver cada um dos participantes.

Pergunta 3) Quando leio uma história devo mostrar as imagens durante a leitura ou no final?

Depende, há várias possibilidades. Como já dissemos anteriormente, as ilustrações ajudam a contar a história e há alguns livros que ficam sem sentido ou menos enriquecidos sem as imagens. Como o livro *A casa sonolenta* de Dom e Audrey Wood – o texto é acumulativo e as imagens tem função narrativa (apresentam transformações ou ações), mostram como as personagens vão mudando de lugar e de posição, como a chuva lá fora vai dando espaço para o Sol e a mudança de luz e de cores. Ou seja, a história ganha a sua beleza na junção entre texto e imagem. Portanto, faz-se necessário ler parte do texto e em seguida mostrar a ilustração que o acompanha.

Nas partes em que o professor estiver lendo o texto para as crianças, ele segura o livro como se estivesse lendo para si e quando for mostrar as ilustrações é que vira o livro para o grupo. Isso porque temos de lembrar que o professor é modelo de leitor e as crianças observam tudo o que ele faz, e aprendem com isso.

Em algumas situações, ler e mostrar as ilustrações de forma intercalada faz a leitura ficar cheia pausas e a história acaba perdendo o seu fio condutor.

A sugestão a seguir precisa ser combinada antes da leitura. "Vou ler este livro e no final mostrarei as ilustrações com calma para que todos possam observar." O professor coloca o livro aberto sobre o tapete, na sua frente, com uma distância razoável que garanta que ele consiga ler e que as crianças observem as figuras à medida que as páginas forem folheadas. No final da história o professor mostra as figuras, com o livro virado para as crianças, dando oportunidade para todos observarem e fazerem comentários.

Quando as ilustrações tiverem uma função mais narrativa, podemos mostrar algumas antes da leitura (para criar suspense é melhor não mostrar as últimas) e perguntar: "O que será que esta história vai nos contar?" E depois da leitura eles apreciam as ilustrações novamente.

Como vimos, não existe um jeito único de mostrar as ilustrações. Ao planejarmos a leitura, temos de olhar atentamente para os livros para tomarmos essas decisões, sempre levando em conta como será mais produtivo e divertido.

Pergunta 4) O que fazer depois da leitura? Posso pedir para as crianças desenharem?

No Capítulo 4, falamos sobre a preparação da roda de leitura. Vale resgatar um pouco do seu conteúdo para esta resposta.

O desenho, a colagem e a pintura fazem parte das atividades de artes e são importantíssimas para o trabalho com a expressão e a criação, o reconhecimento das técnicas e domínio dos materiais; elas ensinam conteúdos específicos das artes plásticas e não da leitura.

Depois de ler, temos de nos preparar para disparar uma boa conversa sobre a leitura realizada. E como isso é feito? Abrindo espaço para que professor e crianças coloquem suas opiniões, falem de seus sentimentos e interpretações, façam relações com outras histórias, ou com um desenho animado, um filme, uma música, um acontecimento da vida.

O professor terá mais condições de disparar essas conversas e de enriquecê-las se for leitor. Ao ler, descobrirá os autores que escreveram para adultos e crianças, quais seus autores prediletos, seus gêneros preferidos, fará comparações, encontrará versões de uma mesma história, encontrará histórias de vários lugares do mundo, distinguirá estilos, apreciará ilustrações, identificará editoras; enfim, estará mais preparado para formar outros leitores.

Lembre-se: para trabalhar a leitura com as crianças temos de criar espaços para ler e para falar sobre ela.

Pergunta 5) Depois de ler, devo dramatizar uma história?

Aqui, cabe a mesma resposta que foi dada à pergunta anterior. Algumas pessoas pensam que, ao dramatizarem, as crianças compreendem melhor a história. Mas as crianças as compreendem e interpretam com ou sem dramatização.

A dramatização é outra linguagem, voltada à arte da encenação e, assim como as artes plásticas, as artes cênicas também têm seus conteúdos específicos. Se quisermos trabalhar com teatro na escola, precisaremos investir nisso, lendo sobre o assunto, pesquisando e estudando, para nos apropriar desses conhecimentos e fazer um bom trabalho com os alunos. Senão corremos o risco de trabalhar com o teatro de uma forma empobrecida, cheia de ensaios exaustivos, gerando um processo repetitivo e pouco criativo.

Pergunta 6) Temos de destacar a mensagem/moral de uma história ao ler para as crianças?

> Não há que se perguntar qual a mensagem do livro, mas o que o sujeito pensa sobre o que foi lido por ele.
>
> *QUEIRÓS, 2005*

Quando lemos ou contamos uma história, não precisamos tirar moral nenhuma dela. Para incentivar boas atitudes e comportamentos não precisamos da moral das histórias, precisamos de bons exemplos, desde as situações mais simples até as mais complexas da vida cotidiana.

Mas de onde vem esse costume, então? As histórias foram criadas para os adultos. A infância não existia e a criança era considerada um adulto em miniatura. Algumas histórias foram criadas e alteradas pelas pessoas que precisavam dar respostas aos acontecimentos e alertar sobre os perigos do mundo. Como no caso de *Chapeuzinho Vermelho*, que é uma história para as moças camponesas tomarem cuidado com os senhores que encontrassem no caminho, pois estes poderiam violentá-las.

A literatura surge para o prazer, a fruição, a crítica. Com o reconhecimento da infância, outro enfoque precisou ser dado às histórias consideradas infantis. E elas ganharam um romantismo, um amaciamento, para se tornarem mais leves.

Quando a literatura considerada infantil vai para a escola, aparece com um tom moralista, querendo ensinar os valores e bons costumes da época. Apesar de muito ter mudado neste mundo, inclusive a literatura, ainda carregamos este costume de querer ensinar algo por meio das histórias. Mas isso não é necessário. Uma das funções da literatura é abrir discussões sobre diferentes pontos de vista e temos de ter o cuidado de não empobrecê-la, reduzindo-a a uma única mensagem.

Pergunta 7) Que tal ensinar algum conteúdo por meio da Literatura – como lavar as mãos, cuidados com o planeta?

Para tratar de conteúdos específicos e que achamos muito difíceis para as crianças, uma das ideias (equivocada) é criarmos ou apresentarmos uma "historinha" para aquele assunto como facilitadora. No entanto, as crianças têm uma postura muito séria diante do conhecimento quando oferecido de forma clara e bem preparada, não se faz necessário criar histórias para didatizar o conhecimento.

O escritor Pedro Bandeira (2005, pg. 182) é categórico:

> Nada é mais letal para a Literatura quanto essa praga de "aproveitar carona" de uma história, para "ensinar" algum conteúdo ou atochar alguma moralidade garganta adentro de algum pobre leitor.

E ainda complementa:

> Bom, Literatura é outra coisa. É farra, é diversão, é sonho, é pausa para alimentar a alma, para fortalecer as emoções, para pensar com o coração, para raciocinar com o fígado, para entender com o pâncreas! Livros didáticos e paradidáticos são insubstituíveis, porque nos trazem respostas, sem as quais é impossível compreender o mundo. A Literatura não responde nada. Literatura pergunta.

Pergunta 8) É preciso cantar para abrir a roda de leitura?

Cantar é muito bom, sem sombra de dúvida. Mas não é preciso cantar antes de iniciar a roda de leitura. Antes temos de nos perguntar: o que queremos com isso? Que as crianças prestem atenção? Elas não estão acostumadas com o momento da leitura e temos medo de que não fiquem em silêncio para podermos começar? Não confiamos na qualidade do livro que escolhemos? Não preparamos a leitura de forma suficiente? Se a atividade foi bem planejada não é preciso cantar para abrir uma roda de leitura. A atenção das crianças se instaurará com o tempo, sem precisarmos de artifícios e de canções que peçam para as crianças ficarem em silêncio. Com o tempo e a compreensão do valor da leitura, elas demonstrarão interesse, porque criarão o hábito, porque estarão sedentas, por respeito e por sabedoria.

Pergunta 9) Temos de chegar a um consenso após a leitura de uma história?

Toda história já possui uma mensagem. O mais interessante disso é que cada um a percebe de uma forma. Claro que num texto existe o que o autor quis dizer. Acontece que, depois que ele coloca sua ideia no papel, ela não mais lhe pertence. Para o leitor, outras ideias serão geradas a partir dela, diferentes conhecimentos serão acionados e assim cada um terá mais ou menos interesse, de acordo com suas interpretações, relações, sonhos, sentimentos, sensações e emoções.

O que acabamos de comentar tem a ver com aquele que pega a história para si. Diante de uma história, cada leitor terá uma compreensão, uma reação diferente (e isso acontece também quando se trata de uma narrativa oral). Não que a história se modifique, ela é a mesma, mas para cada um o enfoque será dado de acordo com sua bagagem interior. Para uns, o foco ficará num determinado personagem, para outros, no conflito, para outros, na pessoa que está lendo em voz alta ou narrando, para outros, ainda, na ilustração, e assim por diante. E isso também depende do momento em que a pessoa se encontra.

Já deve ter acontecido com você: lemos um livro na adolescência e ele parece enfadonho na vida adulta. Ou um livro difícil e chato na juventude pode ser maravilhoso anos mais tarde. Ou ainda, realizamos uma leitura em um determinado momento e meses depois ela muda completamente. Mas o que mudou, o livro ou leitor? E por que isso acontece? Estamos em constante mudança, aprendendo algo novo, tendo novas experiências na vida, observando o mundo, as pessoas, estudando, realizando novas leituras, fazendo relações entre o já sabido e os novos conhecimentos, ganhando informação, passando por situações antes nunca vividas, descobrindo sentimentos e reações. Assim acontece com o adulto e assim acontece com a criança.

> [...]Literatura infantil passou a ser o texto que oferece palavras e imagens mentais que permitem ao leitor se expressar, se entender, se encontrar. E, para que isso aconteça, não pode estar fechado em torno de uma mensagem única. De preferência, deveria deixar de lado a preocupação com mensagens e se concentrar nas possibilidades de expressão que existem no encontro do texto com o leitor. (STRAUSZ, 2005, pg. 184)

Uma mesma narrativa pode gerar inúmeros significados. Uma mesma *palavra* pode gerar inúmeros significados. Quer ver? Se dissermos: fome, um adolescente pode lembrar da fome que sentiu no final de tarde do dia anterior e do tamanho do lanche que comeu. Um migrante pode lembrar da fome e da miséria que sua família enfrentou no nordeste nos anos 1950. Um médico pode pensar nas crianças que atendeu na África num projeto social. Cada um atribui um sentido de acordo com o que viveu ou não viveu. Por isso, para muitos, o leitor é considerado coautor do texto, porque dialoga com ele e até mesmo com o próprio autor.

Pergunta 10) Eu não leio muito, o que faço para mudar isso?

Mudar um hábito nunca é algo simples e sempre exige algum esforço. Ainda que não exista uma receita pronta para isso, o fundamental é você querer. Uma possibilidade interessante é contar com a ajuda de leitores mais experientes, que poderão indicar bons livros, de acordo com suas preferências. Você também pode buscar essas referências em *sites* de literatura, *blogs*, editoras e livrarias. Neles, vai encontrar resumos, resenhas críticas e comentários pessoais.

Participar de eventos, como lançamentos de livros, encontros com escritores e palestras sobre literatura, além de ser um passeio, poderá contribuir para sua aproximação com o universo da leitura. Os jornais também oferecem bons materiais a respeito dos lançamentos e do trabalho dos autores, além de eles mesmos já trazerem vários gêneros (crônicas, entrevistas, reportagens etc.) pelos quais você pode iniciar sua trajetória leitora.

Pense em seus interesses pessoais e faça suas escolhas de acordo com eles. Se você admira um artista ou uma personalidade, pode buscar boas biografias. Caso goste de cozinhar, há vários livros de receitas e memórias nesse segmento. O importante é que seja prazeroso e o impulsione para a leitura.

Fonte: Arquivo pessoal da autora

Se você tem acesso a bibliotecas, sebos e livrarias, pode começar consultando e manuseando algum exemplar sobre o qual tem curiosidade, para aumentar seu interesse. Filmes e peças de teatro, cuja história foi baseada em um livro, são boas fontes de inspiração. Você pode comparar o filme ou a peça teatral com o livro, e saiba: a maioria costuma preferir o livro.

Caso você seja do tipo que prefere realizar as coisas em grupo, pode convidar amigos para montar um clube de leitura. Todos podem ler o mesmo livro e depois comentar, ou cada um lê algo diferente do mesmo autor, ou gênero, e apresenta para os demais.

Certamente, os comentários dos outros nos abrem possibilidades e oportunidades para novas escolhas que, sozinhos, seriam mais difíceis de realizar.

7 E não "acabou-se o que era doce" – Considerações Finais

São inesquecíveis todos aqueles que nos apresentam, com entusiasmo, um novo sabor, um novo saber, novos mundos e caminhos, especialmente quando essa apresentação ocorre em uma das mais belas fases de nossas vidas, a infância. Conquista um lugar permanente em nossos corações e mentes aquele que nos mostra, com encantamento, um novo livro, um novo autor, um novo gênero, novas possibilidades para nossas vidas. Quem não se lembra de um professor ou professora que nos inspirava admiração e surpresa por tanto conhecimento e, ao mesmo tempo, simplicidade?

A proposta de *Interações: com olhos de ler – apontamentos sobre a leitura para a prática do professor de educação infantil* é apresentar novos olhares para a atividade da leitura e usar alguma experiência vivida para apontar caminhos possíveis para os profissionais que têm o desafio diário de encantar e atrair novos leitores.

Iniciamos com a apresentação do livro como fonte de conhecimento, informação e prazer. Na sequência, mostramos a ligação perene entre esse objeto de desejo e a educação infantil, sempre com o cuidado de mostrar como isso pode ser prazeroso tanto para quem ensina quanto para quem aprende.

Como a leitura é (ou poderia ser) inserida no cotidiano da educação infantil? Quais as boas práticas nessa área? Conceitos e exemplos de modalidades organizativas: atividades permanentes, ocasionais, sequências didáticas e projetos didáticos são apresentados, sempre com o objetivo de explicitar a ação do professor nesse processo.

Para temperar tudo isso, dicas para a escolha do acervo, definição de espaços e materiais que podem enriquecer a prática. Depois, chega a hora de esclarecer as diferenças entre ler e contar histórias, atividades próximas, mas com características específicas e especiais. Cada uma com sua capacidade própria de encantar os pequenos (e por que não os grandes?).

A experiência aponta que, na maioria das vezes, as dúvidas são recorrentes para diferentes turmas, escolas e professores. Longe de querer esgotar o assunto, são apresentadas algumas dessas questões e propostas de reflexão da prática educativa, muitas vezes engessadas no tempo.

No fim deste livro, o começo de um novo caminho, com sugestões de leitura, para ajudar você a definir o rumo ou apenas aumentar o ritmo de sua caminhada.

Boas histórias!

8 Sugestões de Leitura

O acervo de livros de literatura hoje em dia é imenso. Selecionamos aqui alguns títulos para começar sua leitura com as crianças. Talvez muitos deles você já conheça e esse será um ótimo sinal para ir à biblioteca, sebo ou livraria, e conseguir outros.

A divisão sugerida aqui foi somente uma forma para você localizar os livros de acordo com gêneros. Muitas vezes você vai perceber que um livro indicado para zero a três fará muito sucesso com os de três a cinco anos e vice-versa.

Para crianças de três a cinco anos

Contos tradicionais

São contos que nasceram da tradição oral e são conhecidos no mundo todo, por isso pertencem ao nosso legado cultural. Não têm autoria, caíram no anonimato, ou seja, surgiram há muitos e muitos anos e ainda persistem no tempo. Você encontrará nomes de autores; isso quer dizer que esses escritores ouviram, pesquisaram, leram essas histórias de domínio público e *as reescreveram*.

AZEVEDO Ricardo. **Armazém do folclore**. São Paulo: Ática, 2000.

AZEVEDO Ricardo. **Contos de enganar a morte**. São Paulo: Ática, 2003.

AZEVEDO Ricardo. **Histórias de bobos, bocós, burraldos e paspalhões**. São Paulo: Ática, 2009.

AZEVEDO, Ricardo. **No meio da noite escura tem um pé de maravilha!** São Paulo: Ática, 2002.

BELINKY, Tatiana. **Sete contos russos**. São Paulo: Cia das Letrinhas, 1995.

CALVINO Ítalo. **Fábulas italianas**. São Paulo: Cia das Letras, 2006.

CASCUDO, Luís da Câmara. **A princesa de Bambuluá**. São Paulo: Global, 2001.

CASCUDO, Luís da Câmara. **Contos tradicionais do Brasil**. São Paulo: Global, 2003.

CASCUDO, Luís da Câmara. **Couro de piolho**. São Paulo: Global, 2001.

CASCUDO, Luís da Câmara. **O papagaio real**. São Paulo: Global, 2004.

HIRATSUKA, Lucia. **Histórias tecidas em seda**. São Paulo: Cortez, 2010.

LAGO, Angela. **Muito capeta**. São Paulo: Cia das Letrinhas, 2004.

LAGO, Angela. **Sete histórias para sacudir o esqueleto**. São Paulo: Cia das Letrinhas, 2002.

LAMPTON, Hugh. **Histórias de sabedoria e encantamento**. São Paulo: Martins Fontes, 2003.

MACHADO, Ana Maria. **Histórias à brasileira 1**. São Paulo: Cia das Letrinhas, 2002.

MACHADO, Ana Maria. **Histórias à brasileira 2**. São Paulo: Cia das Letrinhas, 2004.

MACHADO, Ana Maria. **Histórias à brasileira 3**. São Paulo: Cia das Letrinhas, 2008.

Sugestões de leitura

MACHADO, Ana Maria. **Histórias à brasileira 4**. São Paulo: Cia das Letrinhas, 2010.

MACHADO, Regina. **Nasrudin.** São Paulo: Cia das Letrinhas, 2001.

NEIL, Philip. **Volta ao mundo em 52 histórias**. São Paulo: Cia das Letrinhas, 1998.

PAMPLONA, Rosane. **Novas histórias antigas**. São Paulo: Brinque-Book, 1998.

PAMPLONA, Rosane. **Outras novas histórias antigas**. São Paulo: Brinque-Book, 1999.

PRIETO, Heloísa. **Lá vem história**. São Paulo: Cia das Letrinhas, 1997.

PRIETO, Heloísa. **Lá vem história outra vez**. São Paulo: Cia das Letrinhas, 1997.

ROMERO, Silvio. **Maria borralheira**. São Paulo: Scipione, 2006.

ROMERO, Silvio. **O careca**. São Paulo: Scipione, 2006.

ROMERO, Silvio. **Papagaio do limo verde**. São Paulo: Scipione, 2005.

SSÓ, Ernani. **Amigos da onça**. São Paulo: Cia das Letrinhas, 2006.

STAHEL, Monica. **Contos de animais do mundo todo**. São Paulo: Martins Fontes, 2003.

Contos maravilhosos e de fadas (para grandes e pequenos!)

Também são contos tradicionais. Apesar da similaridade, os contos maravilhosos têm origem nas narrativas orientais e enfatizam a parte material e sensorial do ser humano. Já os contos de fadas têm origem celta e são mais voltados para as questões existenciais.

ADAMS George. **Livro de histórias**. São Paulo: Cia das Letrinhas, 2007.

ANDERSEN, Hans Christian. **Histórias maravilhosas de Andersen**. São Paulo: Cia das Letrinhas, 1995.

ANDERSEN, Hans Christian. **Os mais belos contos de Andersen**. São Paulo: Salamamdra, 2009.

ANDERSEN, H. C.; GRIMM; PERRAULT, C. **Contos de fadas**. São Paulo: Zahar, 2010.

CRESSWELL, Helen. **Contos de fadas clássicos**. São Paulo: Martins, 2010.

CROSSLEY-HOLLAND,Kevin. **Encantamento: contos de fada, fantasma e magia**. São Paulo: Cia das Letras 2003

DUGINA, Olga; ESTERL, Arnica. **As mais belas histórias das mil e uma noites**. São Paulo: Cosac Naify, 2007.

IRMÃOS GRIMM. **Contos de Grimm** v. 1 e 2. São Paulo: Ática, 2003.

IRMÃOS GRIMM. **Contos de Grimm**. São Paulo: Cia das Letrinhas, 1996.

IRMÃOS GRIMM. **Contos de fadas**. São Paulo: Iluminuras, 2005.

PERRAULT, C. **Contos de Perrault**. São Paulo: Ática, 2005.

Mitos e lendas

São narrativas que procuram explicar fenômenos da natureza, acontecimentos, fatos e costumes de uma determinada cultura, por meio de recursos fantasiosos e sobrenaturais.

AARDEMA, Verna. **Por que os mosquitos zunem no ouvido da gente**. São Paulo: Global, 2005.

ANDRADE, Waldemar. **Lendas e mitos dos índios brasileiros**. São Paulo: FTD, 1998.

BOGEA, José Arthur. **O curupira**. São Paulo: FTD, 2002.

FITTIPALDI, Ciça. **A lenda do guaraná**. São Paulo: Melhoramentos, 1986.

HALEY, Gail E. **O baú das histórias**. São Paulo: Global, 2005.

PHILIP, Neil. **O livro ilustrado dos mitos – contos e lendas do mundo**. São Paulo: Marco Zero, 2000.

PRIETO, Heloisa; PUCCI, Magda. **De todos os cantos do mundo**. São Paulo: Cia das Letrinhas, 2003.

SANTOS, Joel Rufino dos. **Gosto de África**. São Paulo: Global, 2005.

SANTOS, Joel Rufino dos. **O saci e o curupira**. São Paulo: Ática, 2002.

Mitologia Grega

BERNARDINO, Adriana. **A caixa de Pandora**. São Paulo: FTD, 2007.

GALDINO, Luiz. **Teseu e o Minotauro**. São Paulo: FTD, 2006.

GRENIER, Christian. **Os doze trabalhos de Hércules**. São Paulo: Cia das Letras, 2003.

POUZADOUX, Claude. **Contos e lendas da mitologia grega**. São Paulo: Cia das Letras, 2001.

PRIETO, Heloisa. **Divinas aventuras**. São Paulo: Cia das Letras, 1997.

Fábulas

Histórias que nasceram na Grécia, com Esopo e posteriormente foram retomadas na França por La Fontaine. Na maioria das vezes as personagens são animais que representam os comportamentos e características humanas. Foram criadas com o objetivo de passar algum ensinamento moral.

ESOPO. **Fábulas de Esopo**. São Paulo: Cia das Letrinhas, 1994.

FONTAINE, Jean de la. **Fábulas de La Fointaine**. São Paulo: Estação Liberdade, 2004.

TOLSTOI, Liev. **Fábulas.** São Paulo: Cia das Letrinhas, 2009.

Contos modernos

Ao contrário dos contos tradicionais, os modernos são aqueles que têm autoria.

ALMEIDA, Fernanda Lopes de. **Pinote, o fracote e Janjão, o fortão**. São Paulo: Ática.

BAUER, Jutta. **A rainha das cores**. São Paulo: Cosac Naify.

BAUER, Jutta. **Mamãe zangada**. São Paulo: Cosac Naify.

BELINKY Tatiana. **A operação do Tio Onofre**. São Paulo: Ática, 2008.

BENTRANI, Gerda. **Eu me lembro**. São Paulo: Cia das Letrinhas, 1996.

BRENMAN, Ilan. **Até as princesas soltam pum**. São Paulo: Brinque-Book, 2008.

BUARQUE, Chico. **Chapeuzinho Amarelo**. José Olympio, 2003.

CAMARGO, Milton. **As centopéias e seus sapatinhos**. São Paulo: Ática, 2009.

DIOUF, Syliane. **As tranças de Bintou**. São Paulo: Cosac Naify, 2010.

DONALDSON, Júlia. **O filho do Grúfalo**. São Paulo: Brinque--Book, 2006.

DONALDSON, Júlia. **O Grúfalo**. São Paulo: Brinque-Book, 1999.

EMBERLEY, Ed. **Vai embora grande monstro verde!** São Paulo: Brinque-Book, 2009.

Sugestões de leitura

ERLBRUCH, Wolf. **O pato, a morte e a tulipa**. São Paulo: Cosac Naify, 2009.

FOX, Mem. **Guilherme Augusto Araújo Fernandes**. São Paulo: Brinque-Book, 2009.

FURNARI, Eva. **Cocô de passarinho**. São Paulo: Cia das Letrinhas, 1998.

FURNARI, Eva. **Loló Barnabé**. São Paulo: Moderna, 2010.

FURNARI, Eva. **Pandolfo Bereba**. São Paulo: Moderna, 2010.

FURNARI, Eva. **Umbigo indiscreto**. São Paulo: Moderna, 2010.

GLITZ, Angelika. **O monstruoso segredo de Lili**. São Paulo: Brinque-Book, 1999.

GRIPARI, Pierre. **Contos da Rua Brocá**. São Paulo: Martins Fontes, 2010.

JOLLY, Fany. **Quem tem medo de dragão?** São Paulo: Scipione, 1995.

JOOSSE, Barbara M. **Bonita, e assim que vovó me chama**. São Paulo: Brinque-Book, 2009.

JOOSSE, Barbara M. **Mamãe, você me ama?** São Paulo: Brinque-Book, 1991.

JUNQUEIRA, Sônia. **O barulho fantasma**. São Paulo: Ática, 2008.

JUNQUEIRA, Sônia. **O macaco e a mola**. São Paulo: Ática, 1997.

JUNQUEIRA, Sônia. **O mistério da lua**. São Paulo: Ática, 2007.

KING, Stephen Michael. **O homem que amava caixas**. São Paulo: Brinque-Book, 1997.

KING, Stephen Michael. **Patrícia**. São Paulo: Brinque-Book, 1997.

LÈVY, Didier. **Nove novos contos de fadas e de princesas**. São Paulo: Cia das Letrinhas, 2004.

MACHADO, Ana Maria. **Dia de chuva**. São Paulo: Salamandra, 2002.

MUDURUKU, Daniel. ***Kaba* Darebu**. São Paulo: Brinque-Book, 2002.

MUNIZ, Flavia. **Rita, não grita!** São Paulo: Melhoramentos, 2004.

NEEM, Sylvie. **Sábado na livraria**. São Paulo: Cosac Naify, 2010.

NISHINSKY, Frieda. **Por favor, Eleonor!** São Paulo: Brinque--Book, 2008.

PAIVA, Renata. **A vovó virou bebê.** São Paulo: Panda Books, 2008.

ROCHA, Ruth. **Gabriela e a titia**. São Paulo: Salamandra, 2001.

ROCHA,Ruth. **Romeu e Julieta**. São Paulo: 2009.

RUFOND, James. **Chuva de manga**. São Paulo: Brinque-Book, 2005.

RYLANT, Cynthia. **A velhinha que dava nome às coisas**. São Paulo: Brinque-Book, 1997.

SCIESZKA, Jon. **A verdadeira história dos três porquinhos**. São Paulo: Cia das Letrinhas, 2005.

SCIESZKA, Jon. **O sapo que virou príncipe**. São Paulo: Cia das Letrinhas, 1998.

SCHOSSOW, Peter. **Mas, por quê?** São Paulo: Cosac Naify, 2008.

SCHWARCZ, Luiz. **Minha vida de goleiro**. São Paulo: Cia das Letrinhas, 1999.

SILVA, Conceil Correa da; RIBEIRO, Nye. **A colcha de retalhos**. São Paulo: Editora do Brasil, 2010.

SILVESTEIN, Shel. **A árvore generosa**. São Paulo: Cosac Naify, 2006.

SOUZA, Flávio de. **Domingão jóia**. São Paulo: Cia das Letrinhas, 1997.

SOUZA, Flávio de. **Que história é essa? 1**. São Paulo: Cia das Letrinhas, 2010.

SOUZA, Flávio de. **Que história é essa? 2**. São Paulo: Cia das Letrinhas, 2009.

TREVIZAS, Eugene. **Os três lobinhos e o porco mau**. São Paulo: Brinque-Book, 2003.

VAN DER BERG, Lin. **A preciosa pergunta da pata**. São Paulo: Brinque-Book, 2009.

VARELA, Drauzio. **Nas ruas do Brás**. São Paulo: Cia das Letrinhas, 2000.

ZIRALDO. **O joelho Juvenal**. São Paulo: Melhoramentos, 2001.

Contos modernos – para crianças de zero a três anos (os mais velhos também gostam!)

ALBOROUGH, Jez. **Pato atolado**. São Paulo: Brinque-Book, 1991.

BELINKY, Tatiana. **A alegre vovó Guida**. São Paulo:Editora do Brasil, 2010.

BELINKY, Tatiana. **O caso do bolinho**. São Paulo: Moderna, 2004. BELINKY, Tatiana. **O grande rabanete**. São Paulo: Moderna, 1999.

BIELINSKY, Claudia. **A casa dos beijinhos**. São Paulo: Cia das Letrinhas, 2007.

CAMARGO, Luis. **Maneco caneco chapéu de funil**. São Paulo: Ática, 2008.

COOK, Scott D.. **Mamãe Gansa**. São Paulo: Cia das Letrinhas, 1995.

COOKE, Trish. **Tanto, tanto!** São Paulo: Ática, 1997.

COUSINS, Lucy. **O aniversário de Ninoca**. São Paulo: Ática, 1998.

DAVENIER, Christine. **Léo e Albertina**. São Paulo: Brinque-Book, 1998.

DONALDSON, Julia. **Macaco danado**. São Paulo: Brinque-Book, 2000.

DRUCE, Arden. **Bruxa, bruxa, venha à minha festa**. São Paulo: Brinque-Book, 1995.

FAULKNER, Keith. **O soluço do Lúcio**. São Paulo: Cia das Letrinhas, 2004.

FAULKNER, Keith. **Sapo Bocarrão**. São Paulo: Cia das Letrinhas, 1996.

GUEDES, Avelino. **O sanduíche da Maricota**. São Paulo: Moderna, 2002.

HEINE, Helme. **Amigos**. São Paulo: Ática, 1993.

HILL, Eric. **Onde está Bolinha?** São Paulo: Martins, 1995.

HILL, Eric. **Aniversário do Bolinha**. São Paulo:Martins, 1995.

HILL, Eric. **Bolinha vai ao parque**. São Paulo: Martins, 1994.

HOLZWARTH, Werner. **Da pequena toupeira que queria saber quem tinha feito cocô na cabeça dela**. São Paulo: Cia das Letrinhas, 2000.

MACHADO, Ana Maria. **Histórias à brasileira – a moura torta e outras histórias**. São Paulo: Cia das Letrinhas, 2002.

ORMEROD, Jan. **Igualzinho a mim**. São Paulo: Martins Fontes, 1986.

ORMEROD, Jan. **Papai chegou**. São Paulo: Martins Fontes, 1985.

ORTHOF, Sylvia. **Maria vai com as outras**. São Paulo: Ática, 2008.

PARR, Todd. **Somos um do outro**. São Paulo: Panda Books, 2009.

PARR, Todd. **Tudo bem ser diferente**. São Paulo: Panda Books, 2002.

Sugestões de leitura

SANTOS, Cineas. **O menino que descobriu as palavras**. São Paulo: Ática, 2010.

WADDEL, Martin; FIRTH, Bárbara. **Você não consegue dormir, ursinho?** São Paulo: Brinque-Book, 2008.

WOOD, Audrey. **A bruxa de Salomé**. São Paulo: Ática, 1996.

WOOD, Audrey. **Meus porquinhos**. São Paulo: Ática, 1999.

WOOD, Don; WOOD, Audrey. **Rei bigodeira e sua banheira**. São Paulo: Ática, 2010.

WOOD, Don; WOOD, Audrey. **A casa sonolenta**. São Paulo: Ática, 2009.

WOOD, Don; WOOD, Audrey . **O ratinho, o morango vermelho maduro e o grande urso esfomeado**. São Paulo: Brinque-Book, 2007.

Parlendas, cantigas e trava-línguas

Transmitidas pela tradição oral, usadas para cantar, recitar e brincar, elas pertencem ao cancioneiro popular infantil. São marcadas pela brincadeira com as palavras, possuem rimas, ritmo e musicalidade.

ALMEIDA, Theodora Maria Mendes de. **Quem canta seus males espanta 1**. São Paulo: Caramelo, 1998.

ALMEIDA, Theodora Maria Mendes de. **Quem canta seus males espanta 2**. São Paulo: Caramelo, 2000.

BELINKY, Tatiana. **Língua de criança – limeriques as soltas.** São Paulo: Global, 2011.

BREIM, Ana Cláudia; BREIM, Mariana.**Cantigas, adivinhas e outros versos** - volume 1. São Paulo: Melhoramentos, 2011.

BREIM, Ana Cláudia; BREIM, Mariana.**Cantigas, adivinhas e outros versos** - volume 2. São Paulo: Melhoramentos, 2011.

CALVI, Gian. **Trava-línguas**. São Paulo: Global, 2011

CIÇA. **O livro do trava-língua**. Rio de Janeiro: Nova Fronteira, 1993.

CIÇA. **Quebra língua**. Rio de Janeiro: Nova Fronteira, 1998.

CIÇA. **Travatrovas**. Rio de Janeiro: Nova Fronteira, 1996.

CORREIA, Almir. **Poemas sapecas, rimas traquinas**. São Paulo: Formato, 2009.

FURNARI, Eva. **Travadinhas**. São Paulo: Moderna, 1994.

NÓBREGA, Maria José; PAMPLONA, Rosane. **Enrosca ou desenrosca?** Moderna, 2005.

NÓBREGA, Maria José; PAMPLONA, Rosane. **Salada, saladinha - parlendas**. Moderna, 2005.

PRIETO, Heloisa. **O jogo da parlenda**. São Paulo: Cia das Letrinhas, 2005.

ROMERO, Silvio. **Bao ba la lão e outras parlendas**. São Paulo: Scipione, 2007.

Poesia

AGUIAR, V.; ASSUMPÇÃO, S; JACOBY, S. **Poesia fora da estante**. Porto Alegre: Projeto, 1998.

AGUIAR, V.; ASSUMPÇÃO, S; JACOBY, S. **Poesia fora da estante 2**. Porto Alegre: Projeto, 2002.

BANDEIRA, Manuel. **Berimbau e outros poemas**. São Paulo: 1994.

CORREIA, Almir. **Poemas sapecas, rimas traquinas**. São Paulo: Formato, 2009.

LALAU; LAURABEATRIZ. **Bem-te-vi e outras poesias**. São Paulo: Cia das Letrinhas, 1994.

LALAU; LAURABEATRIZ. **Fora da gaiola**. São Paulo: Cia das Letrinhas, 1995.

LALAU; LAURABEATRIZ. **Girassóis**. São Paulo: Cia das Letrinhas, 1995.

MEIRELES, Cecília. **Ou isto ou aquilo**. Rio de Janeiro: Nova Fronteira, 2002.

MORAES, Vinicius de. **A arca de Noé**. São Paulo: Cia das Letrinhas, 1991.

PAES, José Paulo. **Lé com cré**. São Paulo: Ática, 1998.

PAES, José Paulo. **Olha o bicho**. São Paulo: Ática, 2012.

PAES, José Paulo. **Poemas para brincar**. São Paulo: Ática, 1998.

ROTH, Otávio. **Duas dúzias de coisinhas à toa que deixam a gente feliz**. São Paulo: Ática, 1999.

ROTH, Otávio. **Outras duas dúzias de coisinhas à toa que deixam a gente feliz**. São Paulo: Ática, 1997.

SANDRONI, Laura; MACHADO, Luiz Raul. **Grandes poemas em boca miúda**. Rio de Janeiro: Artensaio, 2002.

Cordel

LONGOBARDI, Nireuda. **Mitos e lendas do Brasil em cordel**. São Paulo: Paulus, 2009.

OBEID, César. **O patinho feio em cordel**. São Paulo: Mundo Mirim, 2010.

SOMBRA, Fabio. **Festa em cordel - Folia de Reis**. Escrita Fina, 2011.

SOMBRA, Fabio. **Maracatu**. Escrita Fina, 2011.

Livros de imagens

BANYAI, Istvan. **Zoom**. São Paulo: Brinque-Book, 1995.

BORGES, Taisa. **João e Maria**. São Paulo: Peirópolis, 2006.

FURNARI, Eva. **Bruxinha 1**. São Paulo: FTD, 1987.

FURNARI, Eva. **Bruxinha 2**. São Paulo: FTD, 1987.

FURNARI, Eva. **Cabra-cega**. São Paulo: Ática,1980.

FURNARI, Eva. **Cacoete**. São Paulo: Ática, 2005.

FURNARI, Eva. **O amigo da bruxinha**. São Paulo: Moderna,1983.

IACOCCA, Michelle. **As aventuras de Bambolina**. São Paulo: Ática, 2006.

KING, Stephen Michael. **Folha**. São Paulo: Brinque-Book, 2008.

LEE, Suzi. **Espelho**. São Paulo: Cosac Naify, 2003.

LEE, Suzi. **Onda**. São Paulo: Cosac Naify, 2008.

LEE, Suzi. **Sombra**. São Paulo: Cosac Naify, 2010.

MORAES, Odilon. **O presente**. São Paulo: Cosac Naify, 1995.

MELLO, Roger. **A flor do lado de lá**. São Paulo: Global, 2004.

NAUGTHON, Collin Mc. **De repente!** São Paulo: Martins Fontes, 1997.

NAUGTHON, Collin Mc. **Opa!** São Paulo: Martins Fontes, 1997.

TAN, Shaun. **A chegada**. São Paulo: SM, 2011.

VILELA, Fernando. **A toalha vermelha**. São Paulo: Brinque-Book, 2007.

Referências Bibliográficas

AUGUSTO, Silvana. **Orientação da prática educativa. Rotas de aprendizagem – Módulo 1**. Programa ADI Magistério. Secretaria Municipal de São Paulo; Fundação Vanzolini. São Paulo, 2002.

AVISA LÁ, Instituto; C&A, Instituto. **Bem-vindo, mundo! Criança, cultura e formação de educadores**. CARVALHO, Silvia Pereira de; KLISYS, Adriana; AUGUSTO, Silvana (Orgs.). São Paulo: Editora Peirópolis, 2006.

BANDEIRA, Pedro. **O que você entende por qualidade em literatura infantil e juvenil?** In: O que é qualidade em literatura infantil e juvenil? Com a palavra o escritor. Ieda de Oliveira (Org.). São Paulo: DCL, 2005.

BELINKY, Tatiana. **O caso do bolinho**. 2. ed. São Paulo: Editora Moderna, 2004

CÂNDIDO, Antônio. In: Vídeo **Palavra de leitor**. Celso Maldos (Dir.). São Paulo, FDE:1990.

CENPEC; VOLKSWAGEN, Fundação. **Entre na roda. Leitura na educação infantil e na comunidade. Volume 3 – Livros e histórias**. Zoraide Inês Faustinoni da Silva (Org.). São Paulo.

CENPEC. *Ensino de gêneros textuais na escola*. In: **Na ponta do lápis – Olimpíada da língua portuguesa escrevendo o futuro**. Sônia Madi (Org). São Paulo, ano V - n. 11 agosto 2009.

COELHO, Nelly Novaes. **O conto de fada**. São Paulo: Ática, 1991.

COLASANTI, Marina. **O que você entende por qualidade em literatura infantil e juvenil?** In: O que é qualidade em literatura infantil e juvenil? Com a palavra o escritor. Ieda de Oliveira (Org.). São Paulo: DCL, 2005.

DAVENIER, Christine. **Leo e Albertina**. São Paulo: Brinque--Book, 1998.

FITTIPALDI, Ciça. **O que é uma imagem narrativa?** In: Ieda de Oliveira (Org.). O que é qualidade em ilustração no livro infantil e juvenil. São Paulo: DCL, 2008.

GARCIA, Carles. In: Vídeo **Histórias**. Paulo Siqueira (Dir.). Prefeitura do Município do Rio de Janeiro, SESC RJ: 2005.

GASTALDI, Maria Virgínia. **Organização do trabalho pedagógico. Rotas de aprendizagem – Módulo 4**. Programa ADI Magistério. Secretaria Municipal de São Paulo. Fundação Vanzolini. São Paulo, 2003.

GRIMM, Jacob; GRIMM, Wilhelm Karl. **Contos de fadas**. São Paulo: Editora Iluminuras, 2005.

KLISYS, Adriana. **Ciência arte e jogo**. São Paulo: Editora Peirópolis, 2010.

LEFFER, Silke. **O patinho feio**. In: Os mais belos contos de Andersen. São Paulo: Editora Moderna, 2009.

LERNER, Delia. **Ler e escrever na escola: o real, o possível e o necessário**. Porto Alegre: Editora Artmed, 2002.

MACHADO, Regina. **Acordais: fundamentos teórico-poéticos da arte de contar histórias**. São Paulo: DCL, 2004.

MACHADO, Regina. **Quem conta um conto, respira um ponto**. In: Jornal Furabolo, n. 3, abril/maio de 2001, Fundação Cargill.

MANGUEL, Alberto. **Uma história da leitura**. São Paulo: Companhia das Letras, 1997.

MATOS, Gislayne Avelar e SORSY, Inno. **O ofício do contador de histórias**. São Paulo: Martins Fontes, 2007.

MACLUHAN, Marshal. **A galáxia de Gutenberg**. Canadá, Toronto: Toronto, 1977.

MINDLIN, José. **Loucura Mansa**. In: Julio Silveira e Martha Ribas (Orgs.). A paixão pelos livros. Rio de Janeiro: Casa da Palavra, 2004.

MINISTÉRIO DA EDUCAÇÃO E DO DESPORTO – SECRETARIA DE EDUCAÇÃO FUNDAMENTAL. **Referencial Curricular Nacional para a Educação Infantil – Volume I**. Brasília: MEC/SEF, 1998.

MUNDURUKU, Daniel. **Histórias de índio**. São Paulo: Companhia das Letrinhas, 1996.

NASCIMENTO, Celinha. **Ler na vida, ler na escola/comunidade**. In: Letras de Luz – Projeto de Incentivo à Leitura. Oficina 1 – Mil e uma leituras. Energias do Brasil, Fundação Victor Civita, 2009.

NASCIMENTO, Celinha. **O fantástico mar de histórias**. In: Letras de Luz – Projeto de Incentivo à Leitura. Oficina 1 – Leitura Ilumina. Energias do Brasil, Fundação Victor Civita, 2007.

NEIL, Philip. *A porta do coração.* In: **Volta ao mundo em 52 histórias**. São Paulo: Companhia das Letrinhas, 1998.

PAMPLONA, Rosane. **O príncipe que ninguém queria**. In: Outras Novas Histórias Antigas. São Paulo: Brinque-Book, 1999.

PETRARCA, Francesco. **Meus amigos**. In: Julio Silveira e Martha Ribas (Org.). A paixão pelos livros. Rio de Janeiro: Casa da Palavra, 2004.

PRADO, Adélia. In: CHIODETTO, Eder. **O lugar do escritor**. São Paulo: Cosac Naify, 2002.

PRIETO, Heloisa. **Quer ouvir uma história? Lendas e mitos no mundo da criança**. São Paulo: Editora Angra, 1999.

QUEIRÓS, Bartolomeu Campos de. **Leitura, um diálogo subjetivo**. In: O que é qualidade em literatura infantil e juvenil?

Com a palavra o escritor. Ieda de Oliveira (Org.). São Paulo: DCL, 2005.

SARTRE, Jean Paul. **As palavras**. Rio de Janeiro: Editora Nova Fronteira, 2005.

STRAUSZ, Rosa Amanda. **O que você entende por qualidade em literatura infantil e juvenil?** In: O que é qualidade em literatura infantil e juvenil? Com a palavra o escritor. Ieda de Oliveira (Org.). São Paulo: DCL, 2005.

SILVEIRA, Julio (Org). **A paixão pelos livros**. Rio de Janeiro: Casa da Palavra, 2004.

SOARES, Angélica. **Gêneros literários**. São Paulo: Ática, 2005.